以理治校

一位中学校长的办学思想及现实策略

于亚清 / 著

东北师范大学出版社

长 春

图书在版编目（CIP）数据

以理治校：一位中学校长的办学思想及现实策略 /
干亚清著. —长春：东北师范大学出版社，2020.8
　　ISBN 978-7-5681-7069-7

　　Ⅰ.①以… Ⅱ.①干… Ⅲ.①中学—校长—学校管理
—研究 Ⅳ.①G637.1

中国版本图书馆CIP数据核字（2020）第147171号

□策划创意：刘　鹏

□责任编辑：徐小红　沈　佳　　□封面设计：姜　龙

□责任校对：刘彦妮　张小娅　　□责任印制：许　冰

东北师范大学出版社出版发行

长春净月经济开发区金宝街 118 号（邮政编码：130117）

电话：0431-84568115

网址：http：//www.nenup.com

北京言之凿文化发展有限公司设计部制版

北京政采印刷服务有限公司印装

北京市中关村科技园区通州园金桥科技产业基地环科中路 17 号（邮编：101102）

2022年6月第1版　　2022年6月第1次印刷

幅面尺寸：170mm×240mm　印张：15.5　字数：252千

定价：45.00元

目录

2 第二章
有效教学，智慧课堂 \ 73

3 第三章
丰富课程，创新教育 \ 129

4 第四章
幸福教师，立德树人 \ 185

第一章

1

以理治校，成事成人

　　"以理治校"是校长的一种治校策略，治校策略是学校治理体系和治理能力的重要组成部分。不同的校长有不同的治校策略，但必须是校长通过对学校历史和现状的分析，结合校长个人特长所形成的一种适合学校发展的治校策略。就一所学校而言，治校策略要保持相对的稳定性，不宜常变，因为要使全校师生认同，需要时间。办学的本质就是"成事成人"，把教育之事做好，不仅需要做事者有较高的智力和较强的体力，还需要科学的教育模式、策略和方法。高成长性的学校，时常要有办学的突破点，办学的突破点可以是学校的薄弱点，也可以是学校的生长点，校长在学校中的重要工作便是不断地寻找学校的突破点，并引导全校师生积极地解决突破点。

校长的哲学思想和办学理念

中国科学技术大学（以下简称"科大"）原校长朱清时院士，在十多年的校长生涯中，为科大的发展鞠躬尽瘁，而在回答记者"你对科大的主要贡献"时，朱清时院士淡淡地说："我对科大主要的贡献，不是做了什么，而是没有做什么。"朱校长在做校长期间肯定为学校做了很多，但最后他归纳为"没有做什么"，一方面表明朱校长的贡献观，另一方面折射出老校长的聪明和智慧。做校长应该有自己的思想和理念，有了自己的思想和理念，才能不为外界所动，从而遵循教育规律，脚踏实地、认认真真地做好学校的管理工作。为此，校长应该具有自己的哲学思想和办学理念。

一、校长的哲学思想

校长的哲学思想是校长对学校、学生、教师三者关系的认识，是校长对教育、教学、管理的辩证思考，是校长对学校、社会、家庭教育资源的有机融合，这种哲学思想在我看来，有以下五个方面：

1. 学校是一个具体和抽象概念的统一体，校长要让学校不断抽象

当人们为了学校的发展而努力工作时，学校的概念就显得抽象，此时学校是至高无上的，是使人勤奋工作的精神动力；当人们说这所学校不行时，学校的概念就显得具体，一般是指这所学校的校长不行。因而做校长的，就应该让学校的概念显得抽象，使人们对学校时常充满敬畏，让学校来引领全体师生的思想、价值和行为。做校长的不能认为自己能够代表学校，校长代表不了学

校，因为校长会犯错，而学校是不能出一丁点儿错的，能够代表学校的是经全体教职员工共同努力之后所形成的学校对外的品牌与形象。

2. 学校的每一位教职员工都是微不足道的，但在岗位上的每一位都很重要

学校缺了任何一位教职员工都不会不运转，因而我们不能把自己看得过重，但不能就此认为我们可以不作为，可以无所事事，混日子。因为既然你已经成为学校中的一员，有你的一个岗位，那么你必须把本职工作做好，此时你的水平就是学校这个岗位的水平，你就显得至关重要了。因而，做校长的必须要让所有教职员工明确，只有大家齐心协力，才能把学校这艘大船划向成功的彼岸。

3. 校长工作千头万绪，但首要的工作是提振教职员工的精神

校长成不了学校的精神领袖，也不能把自己当作精神领袖，但校长一定要让所有教职员工认同学校。校长不能保证学校的任何一项决策都是正确的，但校长一定要让全体教职员工明白这一决策是有理由的且在学校的一段发展时期是正确的。要让所有教职员工有一个基本的判断，那就是学校是最讲公平、公正的地方，校长集体决策出来的举措尽管不是最好的，但肯定不是最坏的。在此基础上，不断地以学校精神来提振全体教职员工的工作激情，从而目标一致地勤奋工作、创新工作。

4. 教育需要理念支持，但又需要科学引导

教育需要理念支持，但基础教育并没有多少深奥的道理和一定的教育理念的。如果把教育工作比作养育一棵树苗，那么我们所要做的工作便是适时地浇水、施肥，偶尔除除虫、修修枝，仅此而已，小树苗就能生机盎然。校长所做的工作就是把学校的课程建设好，教育规范明确好，然后引领全体教师一步一步实施好。现在的教师最怕校长折腾，今天推广一个理念，明天布置一个课题，本来日常的工作就已经够忙的了，把教师弄得手忙脚乱，教育的效果不可能好。对教师而言，方法比理念更重要。试想，中学教师都去研究理念、搞课题、编书了，那么大学教师、研究部门的专家干什么呢？校长一定要为教师创设一心一意教书育人的环境和氛围。

5. 办好学校离不开政府的政策支持，但关键还是要靠学校自己

办好学校离不开良好的校舍条件和充裕的办学经费，但要使学校成为好学校，仅靠政府支持、校舍条件和经费还不够，好学校是由好的毕业生、好的社会形象决定的，因而校长必须致力于学校内部的规整，致力于十年磨一剑的精神和方法。办学最忌归因错误，校长不能把办学困难归因于机制、体制、政策和领导，也不能把办学困难归因于生源、师资、校舍和经费，我们知道孔子在搞教育时是没有多少内外部好的条件的，校长所能控制的变量只能是学校内部的工作，以陶行知"捧着一颗心来，不带半根草去"的精神，带领学校教职员工心无旁骛地做教育。

二、校长的办学思想

做校长的只有对一些基本问题想深、想透，学校才有可能实现教育家办学。但校长仅有哲学思想还不够，办好学校校长必须要有正确的办学理念。好的办学理念体现在以下三个方面：

1. 要分析学校的历史和现状

学校的历史是学校发展的脉络，我们不能抛开学校历史，另起炉灶，白手起家。学校的实际我们必须分析透彻，学生状况、教师水平必须要与学校发展相适应，当然，校长的个人专长也应和学校的办学理念相适应。

2. 要有一套学校的制度做保障

学生培养制度能让育人目标清晰，教师的工作制度能让教师的工作规范，学校的管理制度能使各部门的工作有条理，从而能使学校在办学理念的引领下协调发展。

3. 要构建一套符合办学理念的课程体系

把培养学生的综合工程进行分解和融合，以课程的形式来落实培养学生的目标。一所学校的课程体系校长必须花大力气进行完善，以对每一个学生负责的精神，精心设计学校课程。

华东师范大学第三附属中学创建于1984年，1997年金山撤县建区，成为金山区重点高中，2007年学校成功创建上海市实验性示范性高中。近年来，在华东师范大学和金山区教育局的领导下，在全校师生的不断摸索和提炼下，我们把"以'新基础教育'理论为指导，在成事中成人"作为学校的办学理念。

"新基础教育"理论内涵丰富，我们根据办学实际和需求，把"新基础教育"理论提炼为"四还"，即"把课堂还给学生，让课堂充满生命活力；把班级还给学生，让班级充满成长气息；把创造还给教师，让教育充满智慧挑战；

把精神发展主动权还给师生，让学校充满勃勃生机"。把课堂还给学生，目的是提高课堂教学效率，让课堂真正成为师生演绎生命的重要场所。为此，我们强调了以下三个方面：

（1）教师要具有课堂教学的三种能力

语言表达能力是教师的基本能力，教师在教学时要注意语言表达的条理性、简洁性、科学性和激励性；教材处理能力是对学科教师的基本要求，教师在对教材进行重新处理时要关注学生的认知规律、认知程度和教学要求；课堂组织能力是使教学有效的基本要求，教师在教学时要关注课堂的节奏、结构，对预设的调整，对教学中动态生成的回应，形成师生有效互动。

（2）教师在课堂教学时要体现"四个一点"

节奏快一点，要求课堂中的每一位成员必须参与课堂教学中的每一个环节，层层推进，避免课堂教学时拖沓、冗长；容量大一点，要求师生对某一知识点的教学要宽一点、深一点，不能就事论事，避免课堂教学时一些无意义教学环节的出现；专题性强一点，要求师生在教学时围绕主题，对主题的研究要透、要全，要突出重点，突破难点，抓住关键点；关注学生多一点，要求教师与学生的沟通和交流是全覆盖的，关注每一个学生，不再制造新的所谓"差生"。

（3）学生在课堂学习时要做到心到、眼到、手到、情到

心到就是全身心地投入对知识的探索和体验感悟之中，不分心，不走神；眼到就是要善于观察，努力捕捉课堂教学中师生智慧的火花；手到就是要亲手做一做、试一试，体验学习的过程；情到就是要充满感情，亲近教师，亲近知识，亲近课堂。

把班级还给学生，目的是让班级充满健康向上的氛围，让学生爱班级、爱教室、爱集体。为此，我们努力做到以下三个方面：

（1）班级教室的环境布置要竭力营造"四个性"

教育性，能使学生不断规整；进取性，能时时激励学生；和谐性，能使生生、师生和谐快乐；发展性，能使学生发展的轨迹和积极向上的闪光点展现在班级中。

（2）班主任在班级管理中要时时体现"四个为"

以班级为家，用经营的理念，三年一个循环，让学生健康成长；以学生为本，兼顾每一个学生，全身心地投入教育工作；以家长为友，把家长作为教育

学生的战友，家校合力，共同把学生导向成功的彼岸；以学科教师为伴，班主任与本班所有任课教师为了共同的工作对象，共同的教育目标，共同努力，结伴而行。

（3）班级工作的有效性要看"三个指标"

看班级中的学生是否勤奋学习，这种学习包括思想品格的健全、行为习惯的养成、知识与技能的掌握、社会实践经验的积累等；看班级中的学生是否快乐成长，师生在共同的学习和工作中都能体会到生命的价值、成长的喜悦；看班级中的所有学生是否全面发展，这种全面发展不仅体现为对学科知识的拥有，还有身体的强健、思想品德的提高及心理健康素质的具备，为学生的未来奠定基础。

把创造还给教师，目的是提高教师的专业能力。对教师的专业能力我们强调三个方面：

（1）教师的专业知识

教师的专业知识不仅要深，而且要宽，更要广而杂。提倡教师应是"经师"。

（2）教师的专业技能

教师课堂教学的模式、策略、手段、方法要根据课堂教学的实际不断调整，以适合学生的学习实际。提倡教师应是"技师"。

（3）教师的专业情意

教师从事的是一项育人的事业，带着情感，爱自己的专业，爱自己的学生，带着满腔的热情做着教书育人的工作，不仅自己快乐，而且学生快乐，提倡教师应是"人师"。

把精神发展的主动权还给师生，目的是全面实施素质教育，切实减轻师生过重的教学压力，使师生生命得到真实成长。为此，我们对学生开展自尊、自律、自主、自强的"四自"教育。自尊，要让学生诚实、阳光、有责任；自律，要让学生勤奋、进取、有毅力；自主，要让学生主动、积极、会合作；自强，要让学生顽强、自信、有理想。我们对教师开展师德教育，教师的专业道德教育要求教师走专业发展之路；教师的语言道德教育要求教师的语言永远具有教育性和激励性；教师的生活道德教育要求教师永远成为社会的楷模；教师的交往道德教育要求教师永远做一个高尚的人，一个最能体现正义的人。

"在成事中成人"，我们紧紧抓住"成事"与"成人"。我们对"成事"

的理解，体现在以下三个方面：

（1）成学校发展之事

学校的发展包括三个阶段：首先是办学理念的孕育。没有符合自己学校特点的办学理念，学校的发展就是盲目发展，因而我们确定自己的办学理念，并为师生所认可。其次是学校制度的建设。能够覆盖学校所有工作的制度条文是一所学校发展的必然要求，因为制度能规范学校中的人和事。最后是学校文化的培育。学校文化的发展和建设是潜移默化的，对于学校文化，我们既持敬畏之心，又要努力为学校文化的发展留下我们的痕迹。

（2）成教师发展之事

教师的发展也包括三个层次：第一，教师学科专业知识的积累阶段。这个阶段可以追溯到教师的学生时代，专业知识的积累要更能贴近教育教学的要求。第二，教师教学经验的积累阶段。让学生喜欢教师所教的学科，让学生乐意与教师共同探讨学习上的问题，需要教师不断积累教学经验。第三，教师要具备因材施教的能力。根据不同的学生，采用不同的方法，选择不同的教学策略对学生进行教育，是为了让每一名学生都能健康成长。

（3）成学生发展之事

我校对学生的培养目标表述为"让学生勤奋、善学、懂感激，从而成为能学习、会生活、有个性的实验性示范性高中的优秀学生"。勤奋是做任何事的前提，善学是对德、智、体、美、劳等多方面的有效学习，懂感激是对学生思想品格、人生观、价值观的要求。

我们对"成人"有以下四个层面的具体要求：

（1）打造一支眼高、实干、精管理的学校管理队伍

学校的管理水平直接决定一所学校的办学水平，因而我们要求所有的管理人员在工作中必须十分注重统筹性、科学性和前瞻性，让校园内的每个角落都留下管理的痕迹。

（2）打造一支德高、业精、会育人的教师队伍

教师的思想水平、道德水准影响着学生的思想品行。为此，我们将师德、师风、师艺、师魂教育放在突出地位，努力让我们的工作更体现出教育性、坚忍性和高效性。

（3）打造一支敬业、爱岗、肯奉献的后勤保障队伍

后勤保障工作对学校的教育教学起着积极的推动作用，我们强调"内当家""一人多岗、一人多能"等后勤工作新要求。坚持后勤管理工作的"四个一点"要求，即工作中要热心一点、主动一点、精致一点、人性化一点。

（4）打造一支具有责任心、感恩心、自信心的优秀学生队伍

在具有责任心教育中，我们要求学生要具有"三省吾身""安贫乐道"的境界和风格，以达到成人、成才的目的；在具有感恩心教育中，要求学生对国家、社会、学校、家庭常怀感恩心；在具有自信心的教育中，要求学生每天充满信心地学习和生活。

校长的哲学思想，能让校长对一些教育的基本问题想明白、想清晰，对教育中存在的问题有一个正确的归因，从而能寻找到办教育的乐趣。校长的办学理念能让学校的发展有一个正确的目标和方向，能使学校沿着一条清晰的轨迹正确运行，避免办学的混乱和无序。我们要向老一辈的校长学习，努力办符合规律的基础教育。以下是我在办学实践中积累的对一些具体教育问题的思考，有15个方面，纯属一家之言，分享给大家。

（1）做教师是我们自己的选择，我们理应享受教育

于漪老师有"一辈子做教师，一辈子学做教师"的名言，是因为做教师有乐趣。与活生生的学生打交道，我们感受到了青春的活力。教师要具有一进教室就兴奋、一见学生就快乐、一到假期就失落的状态。我们要做一辈子幸福的教师。

（2）当我们面临职业倦怠时，我们必须要改变

改变我们的情绪，换一种心情，与其郁闷地做，不如开心地做。实在怨艾教育，改变我们的职业，换一个环境，迎接新的挑战。否则，我们要痛苦一辈子。

（3）教育无效，理由归己

在教育过程中出现任何问题，如学生违纪、不服教育、成绩滑坡、纪律涣散等，先找教育的原因。教育无效，找学生的原因、找家长的原因，无助于教育的改进。有"出了问题，就是我的问题"的意识和责任，教育离成功就不远了。

（4）教育是可以让学生变聪明的，以下三个法宝可以让学生变聪明

会提出问题，善于发现问题的人，思维必然是缜密的。会建立联系，用何种方法去解决这个问题，必须要具备相关知识点，并要具备调动这些知识的能

力。会个性化表达，用自己的语言陈述问题，陈述解决这个问题的方案。让学生具备上述能力，学生会变聪明。

（5）教育学生是一项积德的善事，教师理应让学生和家长感激不尽

一项教育工作实施之后如能促使学生快乐成长，则一如既往；反之，应立即暂缓，引起学生与家长反感的教育，再好，也要放弃。

（6）教师就是教师，不要一厢情愿地把自己比作学生的父母或兄长

学校教育不同于家庭教育，维系学校教育的是国家意志，一定是有要求和原则的；维系家庭教育的是亲情，不一定有要求，有时是无原则的。

（7）批评和表扬都具有双重性，发挥正向作用必须把握好批评和表扬的时机

当学生取得一点成绩而扬扬得意时挑一点儿毛病，有助于学生继续努力；当学生犯了一点儿小错误而正自责时，帮学生寻找理由，有助于学生吸取教训。如果会批评和表扬学生，教育的一半工作就做好了。

（8）教育要尊重学生的隐私，顾全学生的尊严

有一年学校自主招生，在面试时来了一个学生，这个学生面试教师认识，而学生不认识面试教师，因面试教师知道这个学生的父母是离异的，于是就提了这样一个问题："你对父母离婚这件事是如何看的？"刹那间，这个学生就流露出不满的情绪，好在另外一位面试教师及时提醒："这个问题不好回答可以不回答。"事后了解到，该学生回家后很生气，发誓不报考这所学校了。尊重学生的隐私是教育的基本要求，尤其是当我们还未熟悉学生时。

（9）教育是需要家校合作的，但不能因为家长不配合，就放弃对学生的教育

每个班级总有这样的学生——父母离婚后重组家庭且又有子女，对这样的学生不能出了问题就找父母。经验表明，指望这些父母配合学校教育很难，因为重组家庭的父母均有难处。把这些学生教育好要以学校为主，我们要有这种责任担当。

（10）教师都有自己的专业，每位教师对学生的教育应有学科特点

教师的专业不能只体现在课堂中，我们提倡教师专业的延伸，教师的专业应延伸到教育的全部。数学教师教育学生不同于语文教师，用教师专业的学科思维教育学生会起到独特的作用。

（11）学着写点微论文，做点微课题

写论文、做课题不是大多数教师的特长，但为了更好地提升自己，可以写

点微论文，做点微课题。教育教学中总会遇到一些问题、困难，把这些问题、困难写出来，同时写出解决、克服这些问题、困难的方法和措施及取得的效果，就可以形成微论文和微课题。我们不能永远做教书匠。

（12）为了学生、家庭和自己，做教师的一定要多读书

教师要读三类书：文学类的书、科技类的书、学科类的书。长期不读书，人会变虚，会有空的感觉。有人说"三日不读书，面目可憎"，虽有点过，但有警示意义。

（13）纪律与创造力并不矛盾，严格要求与以人为本一定要相容

没有纪律会像一盘散沙，创造力无基础；提倡有标准的严格是高质量教育的必然，以人为本重在人道和尊严。

（14）不能把愉快学习和刻苦学习对立起来，学习是愉快和刻苦的统一体

有人把学习上的"愉快"和"刻苦"对立起来，导致教育缩手缩脚。其实愉快是一种心情、一种情感，刻苦是一种态度，两者描述的不是一个维度的问题。刻苦学习可以愉快，愉快学习离不开刻苦。

（15）学校管理的最高境界是把管理权交给全校师生，学校属于全校师生

学校管理大体有四种模式：一是校长一个人管；二是校长和一帮人管；三是用制度管；四是用文化管。经验告诉我们，管好学校这四种方法要一起采用，单纯一种办法管不好学校。学校是我们生活的地方，我们均要珍惜，学校属于学校中的每一位，校长只是其中的一分子而已。

按章理事，科学发展

选择"以理治校，程序管理，务实高效"的办学策略，不是一时之念，而是对长期办学实践的经验总结和理性思考。从大的方面来说，教师的工作具有与众不同性，也就是我们常说的教师的工作从形式上具有个体性，从内容上具有深刻性，从工时上具有模糊性。因而，用来调整教师权利与义务的这一套章程和制度必须以尊重教师为前提；从小的方面来说，学校在历史上辉煌过，这种辉煌足以让我们的老教工乐道许久，而现在我们又处于发展期，并且发展得让每位华东师范大学第三附属中学人有一种时不我待的紧迫感，于是又只能小心地期待着大家齐心协力，以促进学校稳定向前发展。因而，学校的这一套章程和制度必须以激发全体师生员工的办学积极性为前提；从办学的期待来说，学校的管理人员期盼着教师十分稳定、高效地上好课、育好人，以使学校的教学质量有新提高。学校的教工期盼着行政人员能十分廉洁、公正地把好关，管好事，以使学校的发展更科学。为此，建立一套章程和制度使华东师范大学第三附属中学每位员工各司其职，就成了办好学校的前提和保证。

章程和制度具有多重功能，它既可以规范人们的行为，以达到孔子所说的"有耻且格"的目的，又可以为少部分人寻找到做不该做的事的理由，因为章程和制度有时不能覆盖全部，况且还有"德所不能化、礼所不能治"的部分，因而章程和制度有时不能解决一切问题；它既可以使日常的生活、工作、生活高效有序，又可以约束人们的思维，使人们"按老法子解决当前问题"，因而章程和制度有时很难使工作有突破；它既为决策者寻找到了便利的决策通道，又使部分人成了章程和制度的奴隶，我只为章程和制度而工作，对照章程和制度上的每一条去做就可以了，因而用章程和制度来激发人们工作的热情有时就显得困难。上述所列只是章程和制度的一些正反功能，相信章程和制度还有很多功能。华三章程和制度的第一版已制定完毕，期待着这些章程和制度都能起到良好的正面作用，把负面作用降到最低。

华三教师"德高、业精、会育人"的品质在区内是有好声誉的，这支队伍如果放在十年、二十年前就足够了，我们足以承担起教育的重任，但现在面对多变的世界、多变的教育要求、多变的学生需求，华三的教师也必须在这多变的世界中寻找到适合的位置，进而引领金山教育的发展；华三学生"勤奋、善学、懂感激"的品质在区内也是出了名的，但现在要具有国际视野、创新精神和实践能力，华三的学生只能更会学、善思、创新，经过三年的努力能融合到国际大都市之中，进而引领时代的发展；华三的职工以"敬业、爱岗、肯奉献"自勉，因而能把华三简陋的校园打理得干净、整洁、舒适，但在区内同类学校的硬件条件比我们好的情况下，华三的职工只能花更大的精力和体力让校园更净、更绿、更美丽，进而使学校拥有温馨和谐的校园。因而，让华三的每一位成员发展好、成长好，并且要缩短发展好、成长好的时间，必须借助外力，而这种外力也只能靠我们自身的内力，因而这些章程和制度算是推动我们发展好、成长好的外力。

办有特色、有美誉度的上海市实验性示范性高中，华三还有一段很长的教改之路要走，并且这条路不会平坦，需要所有华三人锲而不舍地努力。按章理事是我们的期待，科学发展是我们的目的，我们共同奋斗！

以常规夯基础，以创新求突破

一、四个方面的考虑

以常规夯基础，以创新求突破，主要基于以下四个方面的考虑：

1. 时代的要求

这是一个快速变化的时代。从互联网到物联网，从云计算到云教育，从数理统计到大数据，从传统媒体到自媒体，当今的时代已变得令人眼花缭乱，应接不暇；这是一个专业引领的时代。零部件的设计和生产需要专业人员，设备的组装和包装需要专业人员，产品的营销和服务需要专业人员，专业的人做专业的事，当今的时代注重标准和规范，凭经验和主观已经落伍；这是一个教育转型的大变革时代。国际化背景下的本土教育正在转型，教育必须具有世界眼光。信息化背景下的个别教育正在变得可能，各种技术条件能使师生无时、无处有交流的可能。均衡化背景下的特色教育能使教育脱颖而出，传统教育模式的效能已经被勤奋和效仿压榨殆尽，特色和创新是学校发展的新引擎。绿色化背景下需要全面教育，仅是知识传授的教育已经过时。应对这样的时代，我们需要做好常规，我们需要创新突破。

2. 现实的需要

开放的社会使学生接触了多元的文化和观念，现在的学生"不那么单纯了，不再埋头读书了"，有自己的想法，拥有自己的天地。我们要研究学生，走进学生的内心，否则，我们将无法适应当今的教育；多样化的知识传播和知识获取，使学生在某些领域掌握了比教师更多的知识和技能。重塑教师威信，唯有不断学习，与时俱进，否则，教师在学生心目中的权威便会迅速失去；评价方式的悄然变化，会让教师越来越觉得"不会教书了"，今年的高考试题，完全体现了近年来以能力立意命题的要求，谁注意了学生思维能力的培养，谁注重了解题过程的分析，谁的学生就能有较高的思维能力。我们要研究学生的思维，调动学生思维的积极性和主动性，否则，单纯的"做题教育"苦了学生，也苦了我们自己。教育的对象、内容和要求已经发生了变化，我们不能以不变应万变，要闻风而动。

3. 学生的需求

希望遇到一位好教师、得到好教育是学生的愿望。高中的学生对好教师、好教育有自己的理解和判断。好教师是师长，不仅仅是朋友；好教师有权威，不仅仅慈祥；好教师严格，不仅仅人好；好教师新潮，不仅仅简朴。好教育就是尊重、理解、自信、高效，师生关系融洽，学习、探究氛围浓郁，学习成果明显。希望教师课上得有劲、有趣一点是学生的渴望。有劲就是希望教师对课堂的组织严谨，有节奏感，无论是教师讲解的环节，还是师生互动的环节，都富有激情，使学生不困、不倦；有趣就是希望教师的课能深入浅出、举一反三，既能加强基础训练，又有一定的思维要求，不再是简单的重复，机械的操练。希望学校开展各种有意义的活动是学生的期待。高中学生对活动有比较高的要求，他们希望学校给学生自由支配的时间，让他们对某项有兴趣的事或物有深入的研究，而不是走马观花。对部分学生而言，他们渴望有研究的时间和空间，希望学校给他们更多的学习经历，以使他们在高水平大学自主招生中能够脱颖而出。学生的需求，有时超乎教师的想象，我们要及时回应。

4. 责任的召唤

学校建校30周年，我们要总结30年的办学理念、办学实践，挖掘30年的办学历史，使学校在继承中发展，在传承中突破，努力使学校的发展源远流长，生生不息。刚过去的一学年，我们的教育教学有了新突破，主题教育活动有亮点，新有效教学有新探索，科研工作有新成绩，学校管理又上新台阶，尤其是学生的学业水平又有新提高。但一年的工作仍留下了许多不足和遗憾，我们在培养拔尖学生方面缺乏系统的课程支撑，我们对学困生、心理有问题的学生缺乏行之有效的教育手段和方法，每年总因为个别班级和个别学科的薄弱使教学成果美中不足，我们有建校30周年的"369"计划，每个班级、每门学科都将是实现"369"计划的前提和基础。招生工作已经完成，尽管我们的录取分数线与上海市同类学校相比仍偏低，但今年达到区内兄弟学校最低分数线的学生明显增多，这么多的优秀学生进入学校，是机遇，更是挑战，我们以怎样的教育理念、怎样的课程设置、怎样的教学策略、怎样的教学方法，给这批学生提供高水平的教育，是我们必须要考虑的问题，我们绝不能让好学生泯灭在我们手中。教育的责任，告诫我们要无须扬鞭自奋蹄。

二、对学校教研组和备课组的四个观点

近期读了由中国人民大学出版社出版的《刘彭芝教育思想与实践》，我对学校发展的常规工作和创新工作有了更深刻的认识。刘校长对常规和创新是这样表述的："没有常规就没有稳定，没有稳定就难以创新，而没有创新则失去了发展的动力，教育的生命将走向枯竭。常规和创新并非一成不变，而是处于动态之中。近日之常规，可能是昨日创新之成果；近日之创新，可能成为明日之常规。当教育创新走向成熟之时，往往就成为新的教育常规。"学校的发展过程，就是常规和创新交替递进的过程，是学校持续发展的两翼。对学校教研组和备课组建设我们要常规和创新并重，有以下四个观点：

1. 做好常规，夯实学校基础

常规是学校的基础，基础不牢，地动山摇。学校的常规不同于工厂的生产流水线，设定好程序就可以一劳永逸。学校的主体和对象都是人，人的主观性决定了学校的常规要时时提醒并坚守。近几年，我们学校有所发展，得益于学校加强了常规工作。学校要进一步发展，必须重新审视学校的常规工作。我校的常规工作，在以下三个方面还有待加强：一是学生的行为习惯教育。"四不规范"和"六条标准"是我们对所有学生的教育要求。当下我们要强化对个别学生的个性化教育，对学习困难的学生，要从学习认识、学习毅力、学习习惯、学习方法和学习信心上进行教育，激发学生的学习兴趣，增强学习动力；对家庭困难的学生，要从自尊、自律、自主和自强上进行教育，使学生有无尽的成人和成才的动力；对暂时心理有问题的学生，要进行早期干预，使学生在学校集体教育活动中体会到集体的温暖，避免各种极端事件的发生。二是教师的教学常规工作。"四个一点"和"八大关注、十六问"是有效教学的基本要求。当下我们要关注教学的内容、教学的方式和教学的工具。教学的内容要整合，以结构化和专题性的要求，使学生对所学知识有通透的理解，我们不能一个章节一个章节亦步亦趋地教；教学的方式要研究，以科学和学生喜爱的方

15

式，激发学生的学习热情，引导学生自主学习，不能永远是教师讲，学生听；教学的工具要更新，利用现代教学技术，实现教学的个性化和个别化，努力使教学无时不有、无处不在，不能永远是一支粉笔一堂课。三是学校的管理工作。当下我们要用时代的眼光、世界的眼光和未来的眼光来管理学校。时代的眼光，使教育不落伍，使学校有良好的生存环境；世界的眼光，使教育更关注学生的个性发展，真正以学生发展为本；未来的眼光，使教育具有引领性，能为未来的社会培养好公民。

今天，我们强调教研组建设和备课组建设，就是要从根本上提高教学管理能力。学校的教学管理包括以下三个方面的常规工作：一是教研组和备课组活动的形式。形式是内容的基础，好的形式能丰富内容，使内容更有成效。定时、定点、定人、定内容是教研组和备课组活动的基本形式，当然，根据情况可以设计不同的活动形式。两个星期一次的教研组和备课组活动，让学科教师具有归属感，能增强学科教师的团队意识，共同商量研究解决学科教学中存在的瓶颈问题，我们要为教师专业能力的提升搭建好平台，各自为战的教学会千疮百孔，形成不了战斗力，这也是目前学科教学不稳定的症结所在。二是教研组和备课组活动的内容。常规的内容包括计划的拟订和学习、章节内容的梳理和分析、题目的归纳和研究、阶段性教学的诊断和反思、学生学习状况的剖析和研究、课堂教学的共享和改进、教学质量的分析和研判、教学改革的思考和行动、教学经验的挖掘和推广、教学理念和教改信息的学习和实践、教学课题和教学论文的交流和共享。过去教研组和备课组活动效率不高，部分教师认为对其帮助不大，和我们对活动内容选择不当有关。三是教研组和备课组活动的主体。活动的主体可以是组长、组员，也可以是华师大的顾问、进修学院的教研员、兄弟学校的教研组组长、学校的领导或主任、市内外的学科专家。多样的活动主体，能增加活动的信息，提高组员活动的积极性。过去，部分教师长期不参加教研组和备课组活动，原因在于缺乏活动的主人翁意识，这和我们没有充分发挥活动主体作用有关。

如果教研组和备课组活动注重了活动的形式、内容和主题，就不会出现活动无话可讲的尴尬情形。

2. 积极探索，实现管理创新

创新是学校发展的引擎，引擎不强，发展无力。学校的创新不同于科学技术的创新，是革命性的脱胎换骨，学校的创新要和风细雨。刘彭芝校长基于办学实践，对学校的创新有新的认识："人大附中的创新之路揭示了这样的规律：突破能创新，变通能创新，融合能创新，追求能创新，反思能创新，压力能创新，理想能创新，激励能创新，实践能创新，执着能创新，卓越能创新，完美能创新，求真能创新，务实能创新，处处能创新，事事能创新，时时能创新，人人能创新……"刘校长对学校创新的理解，为我们打开了实现办学创新的新思路。为了实现学校进一步的发展，我们在以下两个方面要积极探索：一是学校的科技教育。2011年学校成立金山光启创新学院华三分院，目的是探索一条对"智优生、特长生和兴趣生"的培养之路，两年的实践让学生受益匪浅，实现了"培养兴趣，提供经历，适当拓展，提高能力"的办院目标。下一阶段，我们将进一步完善课程设置，优化培养模式，积累科技教育的新经验。二是学校的人文教育。2013年上半年学校成立华三人文书院，目的是进一步增强学生的人文知识，提高师生的人文精神，培育人文素养。下一阶段，我们将以书香校园建设为重点，以琴棋书画为抓手，围绕"两纲"教育，突出社会主义核心价值观，形成具有学校特色的文化新气象。

今天，我们强调教学管理创新，是要创新教学研究的内容和要求。传统的教研组和备课组活动目的是提高教师的教学基本功。传统的教学基本功包括以下三个方面：一是"三字一话"的教学基本功，工整的板书、优美的简笔画、清晰的语言表达依然是教师重要的教学基本功。二是教材处理和整合的基本功，三年一贯的教学内容的整合、基础和能力的融合与渗透、高考考点的把握和对高阶思维试题的剖析依然是高中教师重要的专业基本功。三是教学组织的基本功，课堂教学的"四个一点"侧重于教学组织，充满激情、条理清晰、高思维、逻辑性强依然是使课堂教学有效的教学基本功。上述传统的教学基本功要在教研组和备课组活动中继续予以重视和强化。

当下的教研组和备课组活动还要努力提高基于时代要求的教学基本功，这些教学基本功暂称新教学基本功。新教学基本功包括以下三个方面的要求：一是读懂学生的能力。包括善于倾听学生心声、贴近学生需求、研究学生学习行为、把握学生认知规律，根据学生最近发展区，选择合适的教学方法，随时根据学生的反馈和评价情况，进行个性化教学。二是思维演绎的能力。站在学生的角度，研究知识的产生、发展、拓展和应用的过程，通过对高阶思维试题的剖析，积极培养学生的批判性思维，提高学生的分析推理能力。三是形成积极的人际关系的能力，包括团队合作、沟通交流、尊重差异等，使学生具有博大胸怀、宽广视野和高远境界。

创新教研组和备课组活动，要实现两个转变：一是实现从注重知识和技能的提升转变为注重教育境界的提升；二是从注重"上好每一堂课"转变为"培养一个好人"。

3. 办学需要常规，但不能唯常规

基础教育面对的是一个个鲜活的学生，不同的学生，不同的教育情境，需要不同的教育策略和方法，适合的教育就是好的教育。死守常规，不变通，会使学校的工作缺乏活力，趋于平庸。学校管理的常规工作要时时微调，要与时俱进。当下我们应在以下三个方面进行微调：一是教育理念。以学生为本，关注学生的个性差异，挖掘学生的内在潜力，使不同的学生得以最大限度地提高，这些是现代教育理念，我们要努力实践；好为人师，以师为本，要求学生无条件地服从，这些均是过时的教育理念，我们要摒弃。二是教学内容。只教书本知识，只做考试题目，只练考试实验，把学生的视野限于教科书中，这是陈旧的教学思想，教学忌讳倚老卖老，经验主义；夯实学生基础，开阔学生视野，为学生成长提供所需的一切养料，使学生健康成长，这是教育的追求。三是教育技术。当今世界，科学技术迅猛发展，教育现代化锐不可当。"翻转课堂"实现了教与学的转化，使学生学得更加有劲；"指尖教学"提升了学生的学习兴趣，自主学习从此变得可能；"云教育"使学习变得无处不在，能使学生想学即学。我们要通晓现代教学技术，让教育充满时代气息。教育无常规，会使学校变成一盘散沙；教育唯常规，会使学校墨守成规，最终趋于平庸和落后。

一成不变的教研组和备课组活动方式，会使人厌倦，因而我们要在活动时有变化、有新意，这需要我们在活动前精心设计，周到安排。有创意的活动需要集组内所有教师的智慧，群策群力，集思广益。尤其是各级管理者，包括校级领导、中层干部、年级组长、班主任要为有效教研组和备课组活动积极建言献策，身先士卒，积极参加教研组和备课组活动，为提高教研组和备课组活动效率贡献一分力量。

4. 办学需要创新，但不能唯创新

基础教育具有时段性，高中教育是学生的黄金学习阶段，错过了最佳学习

期，弥补教育就会很艰难，因而，教育创新不能似科学研究，允许有999次的实验，教育创新要慎之又慎。在教育创新之时，我们要把握以下三个关键点：一是不跟风。教育是民生，人人都可以对教育评头论足，做教育的人既要关注社会的热点，又要稳坐钓鱼台，决不能人云亦云；教育改革风起云涌，各种教育理论多如牛毛，做教育的人要善于学习，去伪存真，为我所用。二是不折腾。教育理念一旦确立，要一以贯之，让教育理念融入师生的血液；教育规划一旦制定，要坚决贯彻，一张蓝图绘到底。三是要务实。基础教育是"顺天性，挖潜能，润生命"，需要踏踏实实，做好教育的每一个环节。学校的中心工作是教学，因而学校的所有工作都要围绕"教学五环节"；学校的重点工作是育人，因而学校要强化和细化学校的德育工作，德育工作要强化榜样的作用，牢记"以身教者从，以言教者讼"的古训。教育无创新，学校缺乏生机与活力；教育唯创新，学校劳民伤财，最终竹篮打水一场空。

教研组和备课组建设是学校的基础工作，一般而言，基础性工作需要的是稳定和规范。因而教研组和备课组活动一定要围绕专业、课堂和学生，专业是自己内在的东西，提升自己，仅仅靠自身的努力，会面临发展的瓶颈，同伴互助，有时会使我们豁然开朗；课堂是立身之本，教师的价值就在课堂中体现，也是教师的本质特征，我们有"课比天大"的认同；学生既是我们的工作对象，又是我们的工作"产品"，更是我们的工作伙伴，教师的职业为何具有无穷的魅力，就是因为其工作对象和"产品"是充满活力的人，因而教师所有的工作和研究都要落实到育人这一大事上来。

我校的发展正处于关键期，再进一步，会柳暗花明，豁然开朗。现在学校中有一种思想，认为我们已经做得很苦、很累了，并且教育质量已经不错了，可以歇一口气了。这种思想要不得，教育就如逆水行舟，不进则退。如果有半点懈怠，便会一落千丈，对此，我们必须要有清醒的认识。我们要牢记习总书记对改革开放的告诫，停顿和后退没有出路，刻舟求剑不行，闭门造车也不行，异想天开更要不得。我们要夯实学校的常规工作，让学校发展更有后劲；我们要开拓创新，为学生提供更多的学习经历，让所有的学生优秀；我们要兼顾好常规和创新工作，既为学生打下扎实的基础，又为学生个性特长的培育提供良好的教育。

学校管理的系统之美

一、对学校管理的思考

德内拉·梅多斯是美国达特茅斯学院系统学、环境学和伦理学的教授，所著的《系统之美》已由中国人民大学特聘教授邱昭良博士翻译出版。《系统之美》重点阐述了系统的结构和行为、系统的特征和危机及如何改变系统。其中以下三个观点，引起了我对学校管理的思考。

1. 任何一个系统都包括三种构成要件

要素、内在连接和目标。系统中的目标是系统中最关键的决定因素；内在连接也至关重要，改变要素之间的连接，通常会改变系统的行为；要素如能改变连接和目标，则要素是重要的。

2. 系统是一个大大的黑箱子，我们无法打开它的锁

我们所能看到的，只是什么东西进去了，什么东西出来了。理解输入与输出的搭配，再与其他参数联系起来，我们就可以发现输入、输出和状态之间的关联，如果这种关联清晰而稳定，我们就能预测出可能的态势。

3. 改变系统的方法

改变系统首先要观察系统是如何运作的，要去观察真实发生的状况，而不是人们对于发生的状况的解释，这样可以规避许多有意或无意的因果假设；目标与实际状况之间的差异越大，行动的压力或强度就越大；要想复杂的系统不再那么让我们出乎意外，最主要的途径就是加强学习，提高对复杂性挑战的理解、尊重和利用能力。

二、学校管理中需要研究的四个问题

学校显然就是一个系统，控制好这个系统，使系统向着好的方向发展，根据上述三个观点，我们在学校管理中，必须要研究以下四个问题：

1. 要认真研究学校系统的构成要件

学校系统由三个要件组成：一是要素。包括学生、教师和学校的领导，这是学校中的三大要素。二是内在连接。包括教学把学生与教师连接起来，管理把教师与领导连接起来，这是学校中主要的连接方式。三是目标。包括德、智、体、美、劳等教育目标，这是学校中的主要目标。根据德内拉·梅多斯的观点，任何一个系统在运作过程中，均有一个存量流量图，即流入量到存量中，经过系统这个黑箱子，输出流出量。学校中的流入量包括三大部分：一是生源的状况。生源好，流入量就大。二是教师的教育能力。教师的教育能力强，流入量也大。三是领导的管理能力。领导的管理能力越强，流入量越大。存量就是各流入量经过系统在目标导向下的连接，系统运作的实际过程，这种过程如果是可控的，系统就会良性发展；如果不可控，系统就会无序发展。学校中的存量就是教育的实施过程，即学校领导的管理过程、教师的教育过程和学生的学习过程。学校中的流出量就是学校的办学质量，包括学生、教师和学校的发展。

2. 要科学制定学校系统的运作目标

由于系统中的目标是系统中最关键的决定因素，因而制定好学校系统的运作目标就显得尤为重要。制定学校系统的运作目标要关注以下三个方面：一是学校的办学基础。现有的学生、教师和管理基础是学校目标的设定基础，目标设定过高，办学无信心；目标设定过低，办学不作为。二是教育人的价值追求。教育的主观能动性是教育的本质特性，学校的领导有梦想，学校的教师有理想，学校就会有良好的教育环境和氛围，学生就会耳濡目染，在教师的教育下得到很好的成长。三是学校办学目标的极值分析。任何一个系统都不可能无限发展，学校同样如此。综合学校所处的办学环境和所拥有的办学条件，学校在制定目标时要分析可能出现的最糟糕的状况，可能会出现的最好的状况，在最糟糕和最好的状况之间寻取分步的目标，这有助于学校持续发展。当然，在制定目标时还要考虑目标的细化问题，即要制定学校的总目标，为达成此目标必须要有分目标，分目标下必须还要有个体目标，包括每一位领导的管理目标、每一位教师的教育目标、每一个学生的成长目标。通过目标的细化，使系统富有活力，增加系统中的存量。

3. 要准确把控学校系统中的流入量、存量和流出量

做大流入量是系统良性发展的基础，就学校的生源而言，要从根本上提升生源的质量，必须从根本上提高学校的办学质量，好生源是向好学校集聚的，生源是和学校的办学品质相匹配的。同样，好的师资亦是和好的生源相匹配的，学校向好的趋势发展就是学校的师资和生源同步提升的过程。当然，学校的师资和生源有良好的发展态势，必须由学校良好的管理团队来保障，没有科学和人性化的管理，再好的师资和生源也不会有高质量的办学成效。存量就是学校的管理，学校的管理有别于企业的管理，学校的主体和客体均是人，因而学校的管理不能是单一模式的管理。有效的学校管理一般有五种模式：一是精神管理。以学校的精神来引领学校的发展，让师生有比较一致的价值取向、行动准则和精神趣味。二是制度管理。以学校的章程来规定学校全方面的工作，实现以章程来规范学校内所有工作的管理要求，避免学校的事务由人说了算的弊端。三是需求管理。师生在教育教学过程中有何需求，学校在管理过程中要有所呼应，体现学校管理的人性化要求。四是结构管理。学校在运行一段时间后，要对系统做一次全面梳理，当管理的效应减弱时，必须要反思是否需要调整结构。五是供给管理。学校的发展具有周期性，当学校的发展面临瓶颈时，学校必须要对管理作出调整，要去掉一些过时的管理元素，增加一些激发工作热情的管理元素，为学校发展增添新引擎。流入量和存量控制好了，流出量就有了保障。当然，学校在发展过程中，要兼顾学校的长远发展，不能拔苗助长。

4. 要善于发现学校管理的系统之美

学校是一个复杂的系统，其中充满各种变量，科学和人性化的管理有可能让学校充满活力，实现学校中每一个个体的充分发展。学校如果在发展过程中体会不到学校管理的系统之美，就会陷入相互抱怨的恶性循环。作为学校的管理者要善于发现学校管理的系统之美，为学校进一步的发展提供源源不断的动力。事实上，经过教师辛勤并充满智慧的教学，学生具备扎实的学科素养，收获累累的学习硕果，学生是美的；经过管理者科学并充满人性化的管理，教师具备深厚的专业素养，收获丰硕的教育成果，教师是美的；经过全校师生的

共同努力，学校每年都有新变化、新亮点、新成就，学校是美的。善于发现学校管理的系统之美，能让学生的学习更有信心，更自主；能让教师教学更有智慧，更自觉；能让管理者更有方法，更有成就感。学校管理的系统之美，需要不断挖掘，因为学校的任何一位学生和教师，没有一位不希望好好学习和努力工作的，这是善于发现学校管理系统之美的前提与基础。

德内拉·梅多斯的《系统之美》，能让系统的管理者有整体的、动态的、连续的思考问题的思维模式，能让系统的决策者在正确的时间、正确的地点，做正确的事情。在学校管理过程中，如果我们研究透彻系统的构成要素，制定好系统的运作目标，把控好系统的流入量、存量和流出量，善于发现系统之美，则学校管理的效应必然会体现，学校就会越办越好。

坚守领导使命，夯实学校基础

读加拿大教育家迈克尔·富兰的《学校领导的道德使命》很有感触，这种感触最终生发出三个问题：校长做什么？我这位校长做什么？我所在的学校如何更好地发展？

一、校长需要做好的四项工作

校长做什么？《学校领导的道德使命》告诉我，校长应做好以下四项工作：

1. 校长要设定好自己的道德目标

校长的道德目标是使所有学生都努力学习，使好成绩与差成绩之间的距离大大缩小，并保证学习的内容能使学习者成为立足于道德之上的知识社会中的合格公民和劳动者。

2. 校长要找准自己的道德方向

为了避免校长在喧嚣忙碌的社会中迷失方向，校长要不断问三个问题：为什么我首先会成为一名教育工作者？作为领导，我代表了什么？我会留下一份怎样的财富？反复问这三个问题，有助于校长找准自己的道德方向。

3. 校长要培养好各梯次的领导

一届领导班子的成功不仅在于要带来一些基本变化，更在于一届领导任职期满后到底能留下多少优秀领导。校长培养的优秀领导应具有"三大道德"和"一颗心"。持重、谦虚、执着是教师成为领导的三大道德；拥有一颗神圣的心，即要求领导者必须要纯真、好奇、虚怀若谷。

4. 校长要建设好学校的基础结构

学校的基础结构分为政策、环境和相互信任的人际关系。政策能为人们的期待及长久发展所需的行为要求提供框架，同时能改善教师的工作条件；环境能使适合的人上车，不适合的人下车，并请人对号入座。使所有的人承认张力，带着张力工作，是成功的关键；相互信任的人际关系包括能力信任，信其本领。契约信任，信其品格。沟通信任，信其坦言。一旦学校的基础结构建设好了，学校就可能持续地发展下去。

二、当务之急校长需要做好的三项工作

《学校领导的道德使命》所涉及的校长的四项工作，是基于20世纪90年代加拿大、美国、英国、澳大利亚、新西兰等国教育改革中出现的一些新问题，希望用校长的力量来解决这些新问题。事实上，通过对校长工作的进一步明确，加拿大等国在教育改革中已经有了成功，突出表现在这些国家的学生在阅读和数学学习成绩上有了很大的进步。他山之石可以攻玉。结合我们现在的工作，必须明确我这位校长应该做什么？要做的事太多，当务之急是做好以下三项工作：

1. 加强队伍建设

对照2012年2月10日国家教育部颁布的《中学教师专业标准（试行）》，我们要致力于打造四支队伍，即眼高、实干、精管理的管理队伍；德高、业精、会育人的教师队伍；敬业、爱岗、肯奉献的后勤保障队伍；勤奋、善学、懂感激的学生队伍。使学校的每一位师生都具有强烈的责任感和使命感，以上海市实验性示范性高中的标准做好一切教育教学工作。

2. 调整学习内容

对照2010年5月学校制定的《华东师大第三附属中学课程体系目录指南》，积极完善德育课程模块、数理科技模块、人文素养模块、艺体素质模块和学生社团模块，充实27个课程系列，努力使学生品德高尚、行为规范、学习勤奋、能力突出、人格健全、身体强健，能够担当起未来祖国建设和发展的重任。

3. 营造和谐氛围

对照2011年11月8日上海市教委发布的《上海市中小学生学业质量绿色指标》，我们要树立全面的教育质量观，努力增强学生学习自信心，端正学习动机，保持适度学习压力，提高学生对学校的认可度，使学生在学校真正"勤奋学习，快乐成长，全面发展"。我们要积极实践新有效教学，强化教师的"职业认同，爱的情怀，专业品质"，实现教学的"针对性，艺术性，精细度，教

学的及时反馈调整",达到"学生学习快乐,教师教学愉悦"的教改目标,营造和谐的教育氛围。

三、学校更好发展的四个突破点

《学校领导的道德使命》提出了校长队伍的五个层次,其中,第五个层次是最高层次,要求校长是"有执行能力的领导者"。加强教师队伍、调整学习内容、培养和谐氛围是应该能够执行的。做好这三个方面的工作,离校长队伍的第五个层次就不会太远。但校长的工作归根结底还是为了学校发展,我所在的学校如何更好地发展?突破点在以下四个方面:

1. 加强学校的课程建设

现在可供学生选择的课程还太少,学生自主学习的时间和空间还没有充分释放,教师的潜力还未充分挖掘。我们在课程建设上还要下功夫。

2. 推进教育的国际化进程

现在我们与国外学校的交流还不多,对国内课程和国外课程的研究还缺乏,先进的教育理念还未真正转化为具体的教育实践。我们要加强与国外中学和大学的交流与合作。

3. 深化学校特色多样发展

现在学校的生物科技教育还有待培育,我们要强化生物科技教育的师资队伍建设,开发生物科技教育的校本课程,鼓励更多的学生参与生物科技教育,打造学校特色品牌。

4. 探索教育信息化工作

当今世界,第三次工业革命已经到来,随着移动应用程序的开发、平板电脑的普及、基于游戏的学习、学习分析的推广、手势的计算和物联网等新兴科技的涌现,学校必须审时度势,在信息技术与学科教学的整合上取得突破。

迈克尔·富兰把学校领导的道德使命分为四个层次,即个人层次、学校层次、地区层次和社会层次。个人层次是帮助部分人;学校层次是调动所有人;地区层次是借地区的能力和资源,提高办学标准,消灭办学差距;社会层次是校长的社会责任,能推动社会发展。作为当下的校长,坚守领导使命,是校长的价值所在;夯实学校基础,是校长的责任要求。反复细读《学校领导的道德使命》,我们会不辱使命。

精心管理，努力工作，办人民满意的高中教育

华东师范大学第三附属中学自2007年被命名为上海市实验性示范性高中以后，华东师范大学第三附属中学人以强烈的危机感和使命感，只争朝夕，勤奋工作，努力进取，不断明晰办学理念，优化教学管理，完善教学制度，细化教学过程，实施有效教学。近年来，学校办学效益逐步显现，办学信心逐步增强，社会满意度逐步提高。实践表明，办好学校必须加强四个方面的工作。

一、加强师资队伍建设，振奋教师教学精神

教学质量的提高，和教师所拥有的教学精神密切相关。教师的教学精神包括教师的精神状态、职业认同、教学思想和教学积极性。教师有良好的教学精神，有一股子教学的精、气、神，每天充满信心地面对学生，就能使教学充满活力。提振教师教学精神必须围绕以下三项工作：

1. 开展师德建设

我们把教师的师德建设分为四个方面：教师的专业道德教育。教师只有以自己厚实宽广的专业知识，才能实施高效的教育教学。教师的语言道德教育。要求教师以自己良好的语言表达，激励学生、教育学生、振奋学生。我们把教师的语言提升到道德的高度，目的是规范教师的表达，让教师的教育语言具有科学性、规范性、条理性、激励性。教师的交往道德教育。我们提倡教师多与学生交流，关注每一位学生，把以"学生为本"的课改理念具体化；多与家长交流，形成家校教育合力；多与同学科的同事交流，取他人之长补己之短。教

师的生活道德教育。我们十分在乎教师对学生潜移默化的教育作用，教师只有以高尚的审美情趣、良好的外表形象，才能由内而外地具有教育作用，使教师真正成为道德的楷模。

2. 开展和谐校园建设

学校是师生共同成长的家园，和谐的校园环境和氛围，有助于师生全神贯注、一心一意地做好教学工作，因而我们以和谐校园建设的四条标准要求全校师生。一是以人为本，挖掘优点欣赏人。学校管理工作就是不断挖掘每位教师身上的优点，努力使教师的优点更优，特长更长。二是以情为重，相互关怀善待人。我们提倡所有教师在三附中这个大家庭中相互尊重、相互关怀、相互提高，齐心协力把学生培养好。三是以柔为径，潜移默化感动人。教育是一项润物细无声的事业，教师的敬畏感是在潜移默化中形成的，因而早到一刻、多做一点、晚走一步、工作在第一线、矛盾解决在第一线，能使我们的教育更具踏实感。四是以德为根，守住底线做好人。做好人是教师成为一位好教师的前提与基础，也是教学有效性的必然要求。

3. 开展教师教育工程

我们把所有教师纳入教师继续教育工程。对"3+2"培养工程，我们以"沙龙"的形式，以"课"为核心，开展备课、说课、上课、评课活动，努力使青年教师尽快担当起学校教学工作重任；对"学校后备名师"培养工程，我们以课题研究的形式，围绕课堂教学的有效性，努力突破教育教学的瓶颈问题，使学校的中年教师能够起到教学骨干作用；对"校、区级名师"培养工程，我们以项目引领的形式，使老教师能发挥好传、帮、带作用。

二、加强教学制度建设，规范学校教学管理

教学制度建设，是学校教学质量提升的基础保障。为了使学校的教学实施有要求、有标准，必须不断加强教学制度建设，制定相关教学制度。

1. 教学"五环节"制度

要求教师围绕教学目标、教材分析、情境设置、内容选择、教学过程、板书设计、作业设计等备课要求，精心备好课；要求以"节奏快一点，容量大一点，专题性强一点，关注学生多一点"有效上好课；要求教师把握好作业的选择、收交、批改、订正、辅导等环节，充分发挥学生作业的有效性；要求教师

以个别辅导、小组讨论、家长配合等形式积极做好教学补救，努力使每一个学生都能有所提高；我们以考试知识能力要求表和命题双向细目表来保证教学评价的科学性。

2. 学校"听评课"制度

课堂是教师教学的核心部分，学校鼓励教师多听课、多上课、多评课。多听课能够使教师博采众长，反思自己的课堂；多上课能够使教师在实践中得到提高，能够广泛听取同伴对教学的不同意见和建议；多评课能够在相互探讨中对课堂的有效性有共同的认识，使同学科的教师在讨论中相互启发。我们制定的听课、上课、评课的基本要求能够使教师的注意力集中于课堂。

3. 学校课程建设制度

必须强化对基础型课程的二次开发，努力以校本教材的形式形成具有我校特色的学案体系和教案体系；对拓展型课程我们强化课程的规范实施，并且把学生社团整合于拓展型课程，努力形成我校的拓展型课程体系；对研究型课程我们强化在基础型课程中的学习思想和方法渗透，努力使学校的专题活动具有研究的功能。学校制定的课程实施方案能够保证我校课程的顺利实施。

4. 学科有效教学制度

为了规范学校各学科的教学，努力使学科教学既具有基本的教学要求，又具有教师个人特长。我校发动各学科的所有教师，参与制定有效学科教学制度。努力使我们的学科教学分析能找准问题；使我们的学科教学目标更加具体和明确；使"四课"要求落到实处；使作业的处理更具针对性；使教研组活动、备课组活动从内容与形式上更规范。全员参与制定学科教学制度，使我校教师逐步树立起了学科有效教学的意识和标准。

三、加强教学过程管理，及时调整优化各个教学环节

教学工作的多样性和复杂性，决定了教学的过程管理必须到位、精细。事实上，当教学实施一个阶段后，总会出现我们所说的"三薄弱"现象，即薄弱学生、薄弱学科、薄弱班级。为了避免"三薄弱"现象的出现，必须强化教学过程管理，要着重把握好以下五个环节：

1. 开好以班主任为核心的班级研讨小组会议

每学期的四次班级研讨会议，要重点研究班级学生的思想品德、行为规

范、听课状态、作业情况、困难学生，采取逐门学科分析、逐个学生研究的方法，使一个班级的所有任课教师对班级学生的学习有准确的了解，从而强化班级学习管理，形成教学合力。

2. 开好以备课组组长为核心的学科教学研讨小组会议

有质量的备课组活动是提升教学质量的前提保证，其中备课组组长所起的作用至关重要。为此，必须把备课组研讨设定在章节研讨、练习设计、教学交流、问题研究、测试分析、教学评价、学生研究、相互提醒等方面，努力消除班级教学的差异性，从而提升年级学科教学的整体实力。

3. 认真做好常规教学检查工作

必须组织作业批改、备课教案、听课笔记、读书札记、教学分析报告的检查与交流，努力使教师的教学工作做前有计划、做中有记录、做后有小结，使教学工作形成规范。

4. 积极开展随堂听课调研活动

要把学校的随堂听课定位于管理者与上课教师共同研讨课堂教学的有效性。每次随堂听课后，要与任课教师进行一对一的教学交流，从教学的组织、新课的引入、知识点间的衔接、新知识的展开、讲解的科学性和条理性、例题的选择、学生的表现等方面进行分析与诊断，使听课者和被听课者在平等的交流氛围中相互启发，最终达成比较一致的教学要求。

5. 阶段性教学质量的分析

每个月学校要分年级召开教学质量分析会，把阶段性质量分析的目的定位于树立信心、相互鼓励、查找问题、努力改进。首先肯定教师们的付出，有播种才有收获，增强搞好下阶段教学工作的信心；其次要相互鼓励，抱团取暖，取长补短；同时要查找问题，从教和学两个方面作深刻分析，梳理存在的问题及问题背后的原因；最后商讨出解决问题的办法。

四、推进学校教学文化的形成，激发教师实施有效教学的自主性

教学管理的最终目的是形成基于学校特点的教学文化，这种教学文化能让教师有一种职业的自觉，能自主实施教学，自主反思教学，自主进行教学改进。学校要围绕学校教学文化的形成，从以下四个方面进行实践与探索：

1. 重新梳理学校的教学价值理念

由于学校生源状况持续改善、学校教学要求不断提高，我们把教学价值理念确定为"让每个学生都能学好"，为此我们重新认真学习新基础教育理论的"四还"要求，使教学真正面向每一个学生，尽力使一大批学生优秀，杜绝在我们手中再制造"差生"。

2. 实施规范化的教学

我们不断强化教师的职业规范，努力使各项教学活动都有教学目标、教学内容、实施方法、管理原则、教学标准、评价方法，减少教学中的随意性和无序性。

3. 具有积极的教学态度

为了使学校教学质量有新的提高，必须不断端正教师的教学动机，要求教师要正确处理好过程与结果的关系、个体与团体的关系、短期与长远的关系、能力与知识的关系、课内与课外的关系、基础与创新的关系，努力使教学工作积极主动。

4. 转变教学的行为方式

我们不断探索多样的教学行为方式，努力变被动教学为主动教学，变单一讲授教学为多样互动式教学，变阶段考试评价为及时形成性评价。尽可能以比较灵活、有趣、有效的教学行为方式激发学生的学习热情，培养学生的创新思维，形成创新能力。

站在新起点，谋划新发展

学校的发展已经进入了新的阶段，我们已经站在新的起点。站在新起点，必须要有新思考。

一、学校发展面临的挑战与机遇

学校发展到今天十分不易，凝聚着历任领导的智慧和辛劳，浸透着全体教职员工的心血和汗水。回顾27年的办学历史，华三人走过的路清晰而坚实。如果以时间维度对学校发展作一个划分，我们不难发现，学校发展的第一阶段，从1984年至1997年，学校在天时地利人和的办学条件下，用较快的时间实现了办学的基本目标，为石化子弟提供了优质的高中教育。学校发展的第二阶段，从1997年至2007年，学校在负重中前行，在艰难地寻找着一条重振学校发展的道路。启动创建上海市实验性示范性高中，是华三人的聪明之举，也是学校摆脱困境的唯一正确选择，而成功创建上海市实验性示范性高中，是华三人执着追求的结果，可谓精诚所至，金石为开。学校发展的第三阶段，从2007年至今后一段时期，学校步入了内涵发展的新阶段，这个阶段的最大特征是"苦练内功，夯实基础，提升质量"。如果说前两个阶段的发展有依赖政府和政策的因素，那么第三阶段的发展必须要靠我们自己，尽管政府和政策依然重要。今天我们越来越觉得学校的发展面临着严峻的挑战，这种挑战来自以下四个方面：

1. 来自我们自己的挑战

前几年的发展我们靠的是勤奋和苦干。如何用科学的管理、高效的教学、多样的课程、自主的教育，实现办学的高水平？现在看来，无论是管理工作，还是教学工作，甚至后勤保障工作，都存在理念、思想、习惯、方法、行动、能力上的不足，我们的工作离程序、精致、高效、人性化的要求还存在一段距离。

2. 来自社会的挑战

人们对优质高中的选择是基于教学质量，人们对教育的评价大体上看三个指标：一是本科率；二是一本率；三是考取了几个北大、清华。第一个指标我们在艰难地攀升，但后两个指标，我们面临着挑战。

3. 来自家长和学生的挑战

由于进我们学校的绝大部分是退而求其次的学生，因而他们心有不甘。如果我们的教育工作很得法，很合学生和家长的胃口，最多说一句"三附中还可以"；反之，就会说"三附中还是不行"。现在的学生家长不同于十年前的家长，他们受过较好的教育，对教育有自己的理解，尤其是碰到年轻的教师，在学生的一面之词下，对学校教育有抵触；现在的学生也不同于十年前的学生，他们物质条件优越，父母过度宠爱，自我意识强烈，如果我们还是用原来的教育方法，就会引起学生反感。

上述挑战，告诫我们懈怠不得、麻痹不得。如果有一个班级、一门学科出现问题，都有可能使我们前功尽弃，造成惨痛的后果。在看到挑战的同时，我们也要正视学校面临的良好的发展机遇，这种机遇体现在以下四个方面：

1. 生源已有显著改善

金山区域内生源第二的地位已经巩固，明显不要学习、抵触学校教育的学生减少，生源优势已经显现。

2. 人们对学校良好的口碑正在形成

因为教师们的认真付出，学校的形象有了根本的改善，口口相传的赞许声使一部分学生在初三毕业时以第一志愿选择了我们学校。

3. 新一轮学校发展目标已经清晰

学校"十二五"发展规划经过全体教职员工的共同谋划，已经定稿。应该说学校未来五年的发展蓝图已经绘就，目标已经明确。

4. 新校舍的建设工作已经启动

新校舍的建设，不仅体现了政府对教育的重视，而且体现了政府对学校办学的信心和期待。新校舍对于提升学校的形象和品牌至关重要。

二、学生德育工作的新认识

学生德育工作是学校的核心工作，直接关系到学生的成长和发展，学生德育工作的成效取决于以下三个方面：

1. 德育工作的队伍

学校德育工作的队伍有三支：以政教主任领衔的年级组长、班主任是一支专业的德育队伍，起着引领的作用，体现着学校德育工作的水平和高度。

以教导主任领衔的教研组长、备课组长及全体科任教师是一支全员德育队伍，起着奠基的作用，体现着学校德育工作的广度，能为学校的德育工作起到强化和深化的作用。

以团委书记领衔的团委、学生会干部是以学生自我教育为主的一支学生德育队伍，起着榜样作用，体现着学校德育工作的基本要求。

2. 德育工作的内容

德育工作的内容由三部分组成：以行为习惯为主要内容的养成教育是德育工作的基础内容。它包括学习习惯、生活习惯和规则意识。学习习惯包括预习、听课、复习、作业、总结和反思，学习习惯的养成主要靠科任教师；生活习惯包括强身健体、科学饮食、着衣服饰、同学交往、物品收拾、礼仪礼节、"四不"规范，生活习惯的养成主要靠班主任；规则意识包括所有制度、法规、纪律及自我要求，有底线的要求，规则意识的养成主要靠各种教育活动。

以世界观、人生观和价值观为主要内容的"三观教育"是德育工作的主要内容。世界观教育重点在于对社会的基本判断，强调未来是美好的，前途是光明的，社会是向上的，人心是向善的；人生观教育重点在于对人生的基本要求，强调积极向上、勇于担当、知行合一、表里一致，人生需要奋斗，需要付出，人生也需要挫折，需要磨炼，人生之路不可能一帆风顺，也不可能处处碰壁；价值观教育重点要把握好是非方向问题，引导正确的价值趋向、精神趣味，具有正确的行为准则。

以社会主义核心价值体系为主要内容的思想教育是德育工作的核心内容，其中包括对共产党的领导、对社会主义制度、对中华民族、对国家意志的基本认同，也包括对理想信仰的追求和意志品质的磨炼。

3. 德育工作的方法

德育工作的方法包括坐而论道、做中体验、氛围熏陶。把道理讲清楚，提倡什么、反对什么，让学生明明白白，这是坐而论道；提供各种机会，举办各种活动，搭建各种平台，让学生在实践中体验、感悟，习得的过程就是自我提升的过程，这是做中体验；树立良好的班风、学风、校风和教风，营造良好的校园育人环境，这是氛围熏陶。

三、师德教育的新思考

过去，师德教育围绕着四个方面：即教师的专业道德教育，要求教师要有专业精神，让每个学生学好，不放弃任何一个学生；语言道德教育，要求教师要不断地鼓励学生、激发学生，不能讽刺挖苦学生；生活道德教育，要求教师身教重于言教，体现教师的精神面貌和榜样作用；交往道德教育，正确处理好同事之间、师生之间的各种关系。这四个方面现在仍然要做好，在加强师德教育的同时，还要提高育德能力。提高育德能力强调以下四个方面：

1. 职业认同

职业认同是做好教师的前提与基础。认同教师职业，就会想方设法去弥补教育上的不足，方法不好能积极改进，能力不够就主动培养，专业基础不牢就积极提升。反之，做教师三心二意，今天想着做生意，明天想着炒股票，后天想着发大财，能力再强，也做不好教师。

2. 人格修养

教师的工作不同于其他工作，不是上好课就行，教师的人品、人格和修养具有潜移默化的作用。我们常说学生身上有教师的影子，要求教师是道德的楷模、精神的偶像，是学生的粉丝，教师身上要时时体现教育的尊严和价值。

3. 爱的情怀

教师对教育的爱、对学生的爱不同于父爱、母爱、夫妻之爱，这种爱最本质的特征是无私。爱的情怀就是要拨动学生内心深处的那根弦，用爱唤醒学生，用教师博大无私的爱成就学生。教师要有普济众生的情怀，甘为学生铺路搭桥。

4. 心理品质

教师必须要有良好的心理品质，积极乐观，具有良好的心理状态，要做到宠辱不惊，保持高昂的精神面貌，教师永远是学生的指路明灯。只有心理品质良好的教师才能培养意志坚定的学生。

教师的工作是心灵与心灵的碰撞，是灵魂与灵魂的交融。以教师良好的师德让思想低迷的学生提高觉悟，让情感封闭的学生打开心扉，让学习困难的学生走出困境。让家庭和睦，社会和谐，这是教师的责任。

四、有效教学的再认识

基于日常教学活动中大量无效的教学行为，我们以区级重点课题的形式对有效教学进行了深入研究，所形成的"三把握"（把握课前、把握课中、把握课后）、"四个一点"（节奏快一点、容量大一点、专题性强一点、关注学生多一点）、"五个环节"（精心备课、有效上课、精选作业、及时检测、针对补救）、"八大关注"（关注学生自主学习的时间和空间、关注学生质疑的问难、关注师生之间的民主和平等、关注每一个学生、关注掌握和优化知识结构及方法结构、关注师生全方位的有效互动、关注学生的书本世界和生活世界的沟通、关注教师的反思与创造）、"十六问"（设计依学情、协作聚智慧、师当为垂范、关注全班生、结构抓规律、教学求创新、自主学习好、动态中生成、课堂讲民主、工具来辅助、讲究学有法、当堂作小结、师生关系好、评价要改革、行为重反思、科研为动力），对提高课堂有效性起到了作用，成果已经显现。为了牢牢牵住课堂教学这一教学改革的"牛鼻子"，我们提出了"新有效教学"。"新有效教学"的基本目标是"学生学习自主，教师教学愉悦"；基本策略是"少讲，多学"；主要内容是备课要精、全覆盖，上课要遵循"学生会的不讲，看得懂的少讲，有思维要求能拓展深入的详讲"的要求，作业中要体现三个"三分之一"；基本要求是"夯实基础，提高能力"。经过一段时期的实践与思考，我们认为"新有效教学"还要解决以下三个问题：

1. 教师的教学精神

教师的教学精神包括教师的职业认同、钻研品质、无私奉献、反思意识及爱的情怀。教师每天精神饱满地面对学生，有教的渴望，教师就能在感受教育之中，接受教育，从而享受教育。

2. 教师的专业能力

教师的专业能力包括教的能力和管的能力。教的能力能使教师站稳讲台，一位好教师能对本学科的功能、课标、教材、教法、学法、评价有自己的理解，在课堂教学中有自己原创性的东西，并且能用自己的一套方法使学生能够多快好省地接受，还要对本学科有兴趣，这种教的能力需要用心积累。管的能力能使教师做好班主任、带好班。带好班要求"勤奋学习，快乐成长，全面发展"，就是让学生能喜欢我们，接纳我们的教育，能对我们讲心里话，从内心接受我们对学生的各种教诲。

3. 有效教学的四大要素

（1）教学的针对性

教学针对性是有效教学的基本要求，针对性不强不可能有效。针对课标、考纲、教材、学生实际，做到精、准、狠。过去我们说某位教师很有题感，人家出的试题他都讲过，说明这位教师对试题很有研究，有针对性。

（2）教学的艺术性

教学的艺术性因教师而异，有的教师善于表达，普通话很标准；有的教师善于板书，粉笔字写得很好；有的教师知识面很广，什么都懂。教学要似八仙过海，各显神通，但有一点是要明确的，高中教师以德、能取胜，投机是取不到巧的。

（3）教学的精细度

教学的精细度体现了教师对知识点的把握程度，横向如何拓展，纵向如何挖掘，体现了教师的专业功底。教学中我们提倡专题性强一点，也是教学精细度问题，教学精细度体现在教师的表达、板书、作业等方方面面，粗线条的教学不可能有好的成效。

（4）教学的反馈调整

学生不一样，教学要求不一样，希望一步到位的教学往往过于理想，再好的教师也有教学遗憾，因而及时反馈、及时调整至关重要。当堂观察、提问、测试能够及时进行现场补救；通过作业的布置批改能够及时进行课后补救；单元和章节测试，能够及时进行阶段性补救。这三种反馈调整措施要交叉进行，在层层把关中让每一个学生都能学好。

五、教研组建设的新突破

学校优势学科的形成依赖于教研组建设，仅依赖于几个教师的教学业绩不会形成团队的力量。过去我们的教研组活动基本上是传达教导处的要求，布置落实阶段性的工作，很少有教研组自己特色性的工作，原定的两周一次的教研组活动经常由于各种原因或延期或取消。教研组建设究竟在哪些方面有新突破？在我看来应在以下三个方面下功夫：

1. 学科建设

学科建设应有整体规划，就三类课程而言，要明确学科的基础型课程、拓展型课程和研究型课程，分清哪些学科知识在基础型课程中完成，哪些学科知识在拓展型课程中实施，哪些学科知识在研究型课程中进行，并明确由谁来完成，如何评价。

就学科建设成果而言，最终要形成校本读材、校本学材、校本习材。校本教材既可以是教案的汇编，也可以是教材的整合；校本学材既可以是学案的汇编，也可以是依据课标给学生整理而成的学习资料；校本习材包括与课时配套的作业、单元测试题、补差练习题。

就学习类型而言，有基础提高型和学科竞赛型。要研究分析三年中各级别的学科竞赛，要选好学生，明确教师，早做准备。过去我们的各类竞赛属于自然型的，教研室下通知要报名参加竞赛，我们圈几个学生去参加，偶尔出成绩是有可能的，但要持续出成果却不可能。哪有参加比赛而预先不训练的？现在我们要考虑解决这些问题，搞竞赛辅导虽然累，但能提升自己，更能使学生受益。

2. 教师发展

教师的发展从大的方面而言有两个方面：一是敬业；二是专业。所谓敬业，就是积极向上，永不满足，不断钻研教材、学生及试题的类型，用比较高的标准和要求对待教育教学。所谓专业，就是有扎实的专业知识、高超的专业技能、高尚的专业精神。专业方面高人一等，必须要有自己原创的东西，对知识点的理解全面完整，对题目的认识入木三分，课堂教学简洁到位。教研组的工作就是为教师营造敬业的氛围，搭建专业提升的平台。

3. 学生培养

教研组的建设应着眼于学生的培养，学生培养要明确以下几个问题：哪些在课中完成，哪些在课外完成，哪些借助外力完成，哪些学生要抓在手里。要不断给学生以兴趣，名师要带出高徒，高徒出不来，名师会徒有虚名。

六、学校名师培养和成长的新目标

我们把近几年学校的发展归结为有一个良好的团队，基础性的工作的确需要团队的力量。我们分析学校品牌不硬的原因，是我们在市、区起引领作用的名师不多。市实验性示范性高中没有特级教师的可能只有我们学校，我们可以引进名师，但必须先要培养我们自己的名师，就我们一批骨干教师而言距离特级教师并不遥远。名师有四条标准：一是教育有思想；二是课堂有原则；三是教学成系列；四是科研有成果。这四条标准真的不高，一线的教师都能具备。现在我们都不敢报特级教师，不是不符合这四条标准，而是我们自我感觉还底气不足。今年我们备课组长以上的教师要有一个三年计划，高级教师要为特级教师做准备，因为华三学子需要华三名师，华三发展依赖华三名师。我们要积极行动起来，在学校内培养我们自己的名师，华三名师有待华三教师！

七、年级组工作的新期待

如果把教育工作比作一场战役，那么总务处就是提供粮草，在兵马未动时，粮草先行。政教处就是战前动员，统一思想，明确战役的目的与意义，大家精神振奋，争先恐后地投入战斗。教导处就是提供精兵强将，既要有神枪手，更要有敢死队。有思想保证，有粮草先行，有精兵强将，靠谁来组织战役？那就是年级组。做好年级组工作我们归纳出六个字：一早、二勤、三严、四实、五细、六善，年级组要出成效这六个字缺了哪个都不行。什么叫早？学生未到我先到叫早。什么叫勤？他人未做我先做叫勤。什么叫严？依着规矩就叫严。什么叫实？工作到位就叫实。什么叫细？他人没有想到我已做好叫细。什么叫善？帮人而不弄人叫善。

责任为基，和谐为本，稳步提升教育质量

一、责任是成就事业的基础

"责任"一词在《辞海》中有两层含义：一是应尽的职责；二是未尽职责时应当承担的过失。三附人的职责是什么？要说清这个问题还是要分析"三方办学"对学校的要求。从华东师范大学附属学校来看，带序字号的附属学校只有三所，现在无论从哪个角度来看，我校与前两所学校相比都存在差距，对华东师范大学领导来说，一样是带序字号的附属学校在要求和结果上都应该是相同的，至少不应该相差太大。从上海石化股份公司来看，当初三附中是石化总厂的骄傲，开了厂校办学的先河，在不长的时间内迅速集聚了一批优秀的教学管理者和优秀的教师，教学质量五年内就进入了上海市重点的行列，一大批总厂子弟受到了学校良好的教育，稳定了石化总厂的职工队伍。从金山区政府来看，积极争取、竭力推动使学校成为上海市实验性示范性高中，就是希望以此为契机，推动三附中的发展，全面提高办学水平，从而成为金山人民身边的好学校。

从"三方办学"的要求来看，不难发现我们的职责就是努力使办学质量接近华师大一附中、二附中，让上海石化股份公司职工的子弟，让金山人民的子弟能把三附中作为初三毕业首选的高级中学。要尽到这样的职责，必须要有长期艰苦奋斗的思想准备，必须要有一支特别能战斗的管理队伍，必须要有一支特别能奉献的育人队伍，必须要有行之有效的管理模式和教学方法。为此，我们要正确处理好以下四种关系：

1. 事业与家庭的关系

教师的职业是一门专业，从事这门专业的人就在做着一份事业，因为教师

这个职业并不是有了扎实的专业知识就能做好教书育人工作，它需要我们的投入和奉献。家庭既是我们的起点，又是我们的归宿，血缘和伦理关系使我们相互关爱、相互依存，和睦的家庭需要我们呵护，也需要我们经营。我们既希望事业成就家庭，使我们的家庭具有物质和精神财富，也希望家庭促进事业，使我们的事业持久而使我们具有自尊。我们既不希望为了事业而不顾家庭，父母夫妻都只为我们做教师的服务，也不希望为了家庭而放弃事业，一味地牺牲工作质量而单方面维系着家庭。我们是做教师的，在家庭中要起到教育家庭的作用。和谐家庭、学习型家风的形成，我们要起主导作用。

2. 个人与学校的关系

学校是由每一个教师组成的，所有教师共同努力工作形成学校的品牌。因而人们对学校概念的形成是基于学校内教师的工作，一批志同道合的教师共同造就学校品牌，而学校品牌又能为学校内的每位教师成就事业搭建良好的平台。优秀的教师总是与优质的学校结合在一起的，只有学校内的所有教师优秀，才能使学校优质。一所平庸的学校很难使人们联想到这所学校内的教师是优秀的，一位平庸的教师也很难使人们联想到来自优秀的学校。三附中要发展，靠所有教师，尤其是靠所有学校骨干教师的优秀。优秀教师的产生源自学校这个优秀的整体环境，优秀教师的发展也必然基于我们优质的学校。

3. 分工与合作的关系

学校的工作千头万绪，为了使学校有序运作，必须对学校内的工作进行分工，但学校是从事教育人的工作，教育又是一个有机的整体，要让学生成长好，必须德、智、体全面发展。德不好学生是坏人，智不好学生是庸人，体不好学生是废人，因而学校内的工作更要讲究合作。出席会议的各位教师，都有自己的条线分工，这是为了学校工作的有序，是为了提高工作效率的需要，也是现代学校制度建设的必然要求，因而我们必须首先要做好本职工作，本职工作做不好，就不能指望形成学校工作的效果。但如果只做好本职工作，不与其他工作配合，也就是我们常说的"你说你的，我做我的，他管他的"，则学校永远也出不了成绩，因而我们得十分关注工作上的合作。我们强调加强备课组活动，就是希望一个年级的同一门学科教师能兢兢业业，做好自己的学科教学工作，不要形成薄弱班级，让年级组的本门学科走在兄弟学校前列；我们强调加强班级研讨活动，就是希望一个班级中的所有学科教师能各司其职，不要形成薄弱学科，让所有学科齐头并进。

4. 付出与回报的关系

理想的想法是付出必有回报，回报激励再付出，但现实情况往往是付出没有回报或者回报甚少。分析现在我们回报不多的原因可能有三个方面：一是付出还没到一定程度，浅尝辄止；二是付出的方法不对，忙忙碌碌，不得要领；三是对付出的持续性认识不足，没想明白教育三附中学生的艰巨性。要从根本上扭转目前我们回报上的窘迫，只有待学校生源的改善。但生源要改善，必然要求我们有更大的付出、更有效的付出、更长久的付出，因为家长不可能把学生送到一所升学希望不大的学校。对付出与回报，我们必须有充分的认识。

学校被评为上海市实验性示范性高中，现在看来责任大于荣耀，付出大于得到，艰辛大于欢喜，学校已经走上了华山天险一条道，只能往前，不能退缩。因为上海市实验性示范性高中是我们自己申报的，不是人家强加给我们的，我们唯有以强烈的责任感，义无反顾地奋斗，才能无愧于这个称号，否则，我们肯定要承担未尽职责时的过失，也就是说，办不好学校我们是要负责任的。

二、和谐是凝聚学校力量的根本

学校在短时间内要实现赶超目标，只有调动学校所有师生教育教学工作的积极性、主动性和创造性，也就是说，在学校中只要存在部分师生对教学工作的被动、消极、懈怠，学校就不能得到很好的发展。要让所有师生凝聚起来，为了共同的目标奋斗，必须要有和谐的校园环境和氛围。离开和谐，即使学校在短时期内有了发展，也注定是不和谐的发展。上学期高一年级数学备课组之所以能取得显著的教学效果，得益于"天时、地利、人和"。客观上我们的生源已有所改善，为我们的工作奠定了基础，这是天时；整个高一年级组充满着自信，志在必得，这是地利；难能可贵的是备课组7位教师齐心协力、同心同德，平时教学时既有充满活力的个性化教学，又有备课组统一设计的作业和练习，在复习备考中更有集聚全组智慧的复习策略和复习要求，这是人和。和谐的备课组造就了良好的教学成绩。

实事求是地分析学校现状，目前学校内还存在不和谐的现象。每一点不和谐都是微不足道的，不值得我们大惊小怪，但所有的这些不和谐累积起来就形成了学校发展的绊脚石，就会使学校的发展这也不顺，那也不畅。我们现在要做的工作，就是改掉这些小毛病，使我们轻装上阵。解决存在于教职工中的不和谐，方法有以下两条：

1. 要有基本的判断

学校中的学生、同事、领导，人都是好人，只是因为看问题的角度不同，在认识上存在差异，不是故意跟我作对。人千万不能把同事、领导看得太坏。

2. 要善于沟通

"沟通"二字从字面上理解是双方之事，但在我看来，沟通是单方面的事，我们不能天天指望他人来和我沟通，而自己不动。事实上，我们能支配的只有自己，我们不能生活在一厢情愿的世界中，有问题要及时和他人沟通，这是我们自己的事，把事讲清楚了，就好了。同事间没有不可告人的事，现在相互间沟通的最大障碍来自两个方面：一是面子问题，"除非他主动来找我，我是不会……"这样的话我们经常听到；二是认识问题，你认为这事问题很大，必须要弄个水落石出，但对方压根儿没把此事当回事。

三、稳步提升教育质量

我们讲责任，谈和谐，目的是提升教育质量，因为教育质量是学校的生命线。在上学期末的工作总结上，我写了"六个更重要"，今天再作强调与说明。

我们说精神比技术更重要，并不是技术不重要，实际上我们所倡导的备好课、上好课、做好课后辅导及课堂教学的"四个一点"都将是我们长期要做好的工作。精神能使我们超越，能永久地引导我们、感染我们，尤其是我们归纳的三附中精神："大气睿智，境界高远，追求卓越"，不仅具有学校的历史传统，还具有对自身的一种追求。

我们说合作比竞争更重要，并不是说竞争不重要，适度的竞争能使工作永远有激情。但从我校目前的情况来看，我们必须强调合作：学校自上而下的合作，从学校领导、中层管理、年级组长、教研组长、班主任、备课组组长、学科教师到班组长、职工，大家各司其职，无缝衔接。学校各部门之间的合作，五个职能处室工作要到位、补位、不越位。一个班级的几位任课教师一定要统筹兼顾，语数外"加一"学科齐头并进。一个备课组的几位学科教师一定要相互合作，取长补缺，提倡团队优秀。

我们说团队比个体更重要，并不是说个体不重要，个体很重要。一位教师教学上出偏差，整个团队就要被拖垮。但如果个体很强大，都自立门户，单打独斗，作用在学生上，只能造成学生的偏科。因而我们必须强调学校的团队意识和团队精神，团队意识的树立必须从小事做起，现在我们要求开会要准时，缺席会议要请假，就连聚餐也要一齐动筷子，这不是刻板，而是要唤醒团队意识，我们不能因为个性的过分张扬而使团队像一盘散沙。

我们说开放比封闭更重要，并不是说封闭不好，事实上，十年磨一剑是需要关门练功、苦心经营的，但现在我们必须以开放的心态，向他人学习。学习兄弟学校的教育管理，学习兄弟学校的教学经验，借鉴兄弟学校的教学资源，不断学习就能不断充实自己，不断调整自己。自以为是，夜郎自大，我们永远也不会有长进。

我们说过程比结果更重要，并不是说我们不要结果。事实上，我们太需要好结果了，只不过限于我们现时的生源、自身的管理和实力，结果可能还无法与他人相比，但我们一定要把该做的事做好、做透，班级研讨工作、备课组活动、教学质量监控、学生行为规范教育等工作不做好、做透，到时即使生源好了，结果也不会好，因为我们连基本的都做不好。

我们说效率比时间更重要，并不是说时间不重要。教学没有时间保证将会一事无成，但就此拼时间、耗体力，我们会累得精疲力竭，因而我们还得向时间要效率，寻找有效的教学手段和方法。

办学亦要倡导实干

习近平总书记在一次讲话中指出："实干兴邦，空谈误国。这个道理，我们都要牢记在心。各级领导干部要坚持为民务实清廉，切实转变工作作风，做到讲实话、干实事，敢作为、勇担当，言必信、行必果。"治党理国靠实干，办学校做教育亦要倡导实干。

一段时期，办学似乎更需要"理论"了。校长们急于研究各种各样的教育理论，生怕自己的教育实践缺乏教育理论的支撑；教师们急于学习各种外来的教学理论，各类教学论坛成为先进教学理论的展示会。于是在"理论"的熏陶下，搞教育的人和不搞教育的人对原先的教育作出了深刻的反思，似乎不把原先的教育"翻转"过来，就是落后的教育。

一段时期，办学似乎更需要"技术"了。学校急于添置各类电子的、数字的设施设备，要求教师采用电子化备课和上课，学校采用无纸化办公；教师们急于学习各种教学辅助技术，把大量的时间用在如何热闹地展示教学过程上。于是部分教师上课就是PPT的演示，取消了学校的黑板，传统的粉笔即将消失，似乎在教学过程中不采用一些高科技手段就是"老土"的教育。

一段时期，办学似乎更需要"国际化"了。学校的课程要引进国际课程，没有国际课程的学校课程就不是先进的学校；学校的教师要引进国外的教师，有几张洋面孔的教师就能说明学校是国际化的学校；学校中的学生要有几个外国的学生，这所学校就算是和国际接轨的学校；甚至学校的教室布置也要体现异国情调。

一、办学倡导实干的三条理由

基础教育真的需要这么多的教育理论？需要这么多的教学技术和一定需要

"国际化"吗？教育是需要教育理论的支撑，教育是需要教育技术的保障，教育也需要有机借鉴外国好的教育，但基础教育更需要倡导实干。办学为何要倡导实干？有以下三条理由：

1. 由基础教育的特点决定，办学更需要实干

基础教育最大的特点是具有基础性。让学生树立正确的世界观、价值观和人生观需要潜移默化的教育，要润物细无声，来不得半点虚假；让学生养成良好的行为规范，需要持之以恒，常抓不懈，不能有丝毫的懈怠；让学生掌握基础知识、基本技能，只能亦步亦趋一步一个脚印，不能马马虎虎浅尝辄止；让每一位学生的特长、潜能都能够发挥和挖掘需要精心设计教育的形式、内容和方法，要有一把钥匙开一把锁的细心和耐心。

2. 由教师工作的特点决定，办学更需要实干

教师的工作与众不同，有以下三大特点：一是教师的工作在内容上具有深刻性，教师的工作是以尊重换尊重、灵魂对灵魂的工作，教师一个不经意的教育行为可能会影响学生一辈子；二是教师的工作在形式上具有个体性，教师备课、上课和课外辅导学生绝大部分是以个体的形式进行，教育的过程就是教师责任心和良心的体现过程；三是教师的工作在工时上具有模糊性，教师没有八小时工作制的概念，备课、家访、进修、辅导等工作绝大部分在休息日和节假日进行。这样的工作没有一定的育人境界很难一辈子做教师。

3. 由学生成长的规律决定，办学更需要实干

学生成长的规律由三部分组成：一是学做人的规律。学生生活习惯、学习习惯、礼仪习惯的养成具有阶段性，一旦某个阶段的教育缺失，后续要弥补就十分不易；同时学生的意志力、抗挫性、相容性培养也具有阶段性，环环相扣，才能相得益彰。二是积累知识的规律。知识的学习是一个先易后难、先简后繁的过程，不能颠倒，也不能逾越，要一步一步地学。三是强健体魄的规律。学生的身体素质是随着年龄增长而逐步提升的，既不能拔苗助长，也不能放任自流。

二、如何实干？

办学的实干，必须依据基础教育和教师的特点，必须遵循学生成长的规律。如何实干？以下三项工作必须持之以恒地做好。

1. 学校的课程必须精心设计好

就高中而言，基础性课程不仅要严格按照学科教学纲要实施好，而且要根据学生的实际做好校本化的整合和实施；拓展性课程和研究性课程要根据学生的需求和学校师资实际，设计尽可能多的课程，让学生有充分的选择，从而满足学生多样化发展的需求。学校课程的设计要坚持三条原则：一是全程性原则。要把学生在学校的一整天活动全部设计好，保证学生在学校的活动都是有意义的。二是全员性原则。学校的课程要受益于每一位学生，能让每一位学生的潜能都能充分发挥。三是开放性原则。一所学校的教育资源有限，学校要充分挖掘社区和家长的教育资源，充分依托大学、科研院所、企业等的教育资源，把这些社会资源整合成学校的课程，丰富学校的课程。

2. 学校的各教育环节必须精心组织好

教育环节科学地安排和组织，有利于提高办学效率。学校的各教育环节比较复杂，不同的分类有不同的要求，有些可能要交叉实施。以教学内容分，艺术学习、体育学习、实验操作、学科学习和自主学习等各环节的安排要合理；以教育意义分，晨会课、升旗仪式、班会课和各项主题教育活动的安排要相互呼应、相互协调，以取得最佳的教育效果；以学习时间分，早晨、上午、中午、下午和晚上的学习时间要安排好，不同的时间段安排不同的教育内容，就能取得最好的学习效果。

3. 学校的所有工作必须做好科学全面的评价

从大的方面分，学校的评价包括三类：对学生学习的评价。既有学生学业学习的评价，又有思想品行的评价，还有学生身体素质的评价，更有学生探究和创新能力的评价。对教师教育教学的评价。既有教师课堂教学的评价，又有教师科研能力的评价，还有教师培训的评价，更有教师工作业绩的评价。对学校管理者的评价。有对学校领导的评价，更有对中层部门领导的评价，还有对教研组长、年级组组长、备课组长、班主任的评价。评价的主体既可以是学生，也可以是教师，还可以是学校领导，更可以是家长或社区，多元的评价主体能使学校的评价更科学、合理。评价的目的是发现问题，改进工作，促进学校又好又快地发展。

马克思在《哥达纲领批判》中指出："一步实际行动比一打纲领更重要"；在《致燕妮·尤格》中指出："空谈和实干是不可调和的对立面。"强调的是实干和实际行动。在办学过程中，实干和实际行动更重要，尤其是当纲领明确之后，就要集中精力，一鼓作气干到底。任何空谈只能扰乱人们的思想，涣散人们的斗志。基础教育是奠基学生一生的工作，错过了教育的最佳时期可能要错失学生的一辈子，因而基础教育工作来不得半点闪失。办学忌空谈、忌赶时髦，只能倡导实干。

恪守 "秘密协议"

东原中学是一所区级重点中学，有近70年的历史。由于是区内一所老牌重点中学，该校有一批有思想、有能力、个性比较鲜明的老教师，近60岁的数学教师王老师就是其中一位。

从数学教学方面来说，王老师肯定是一位青年教师敬仰的老教师，区数学学科中心组成员、区数学学科导师等头衔，使王老师在教学上具有相当的权威。从为人处世来说，王老师也有自己的一套方法，待人热情，同事有难处，王老师总是倾力相助，有时会到拔刀相助的地步，因而王老师在教师中人缘很好。更突出的是，王老师在学校领导背后，总能够找出很多领导在管理方面的缺陷，并且他的这些想法在办公室一经传开，让人感到他的一些想法比领导的决策要高明得多，这就更增添了王老师在教师中的魅力。可就是这样一位具有感召力的教师，却没有被历任校长所重用，是一位"纯"数学教师。据说有一位老校长曾经委任王老师担任年级组长，但由于王老师管理年级组的很多思路和方法与学校的要求相差太大，且时有矛盾，最后在担任了一年年级组长后王老师又成了一名"纯"数学教师。

张校长是一位新任命的年轻校长，刚到学校就以各种渠道和方式了解学校的各种情况，王老师的所言所行给张校长留下了深刻的印象，觉得王老师的长处要远胜于他的短处。为了加强年级组的管理，张校长决定还是请王老师出山，担任新高一的年级组长。学校的其他领导因为对王老师有不同的看法，所以均持保留意见，但碍于新任校长的决定，再加上书记说了一句话："那就试试吧！"于是王老师就走马上任了。

时间过得很快，还不到一个月，教导处主任就向张校长反映，高一年级下午的自习课总有学生在图书馆、操场上，学校的各个角落都有高一学生的身影，向王老师反映，说是让学生自主学习。这样下去，整个年级可能就是乱哄哄的，要求张校长出面找王老师谈谈。还未等张校长找王老师谈，政教处主任也向张校长反映情况了，王老师最近一段时间在闹情绪，指责学校在为学生订校服时没有听取年级组教师和同学们的意见，因而校服款迟迟没有收齐。最近一段时间就高一年级事多，学生反映学校食堂伙食不好，物理实验室的门为何总是锁着，等等。正当张校长打算抽下午学生自习课的时间找王老师谈话时，分管教学的潘校长又向张校长透露了一个信息：王老师在办公室里经常抱怨年级组活动经费太少，班主任的津贴至少应该翻一番，弄得大家的情绪都不好。被几位同事这么一说，年轻的张校长心中也犯起了嘀咕，这个王老先生真不是省油的灯，看来真要和王老师好好交流交流了。

下午四点，正当张校长在办公室里思考如何找王老师谈话时，电话铃声忽然响起，是王老师的，他主动要求现在就到校长室和校长交换意见。

一见面，王老师就是满腹的牢骚：政教处的工作太武断，做事不和年级组教师通气，没有民主意识；教导处的工作太死板，一定要有很多清规戒律；班主任工作很辛苦，领导对他们关心不到位；教育学生应注重学生的个性，整齐划一不利于特长生的培养。言语之中，表露的是一种焦急，一种对学校管理不到位的担忧，但更多的是对学校中层领导工作的不满意，要求校长对学校的管理要形成制度，对学校的中层干部要培养和使用相结合。由于前期张校长对王老师已经有了一个基本的判断，因此在谈话中，张校长并没有打断王老师，而是频频点头，并不时地插上一两句肯定的话。同时，张校长还主动征求王老师对学校管理的意见和建议，并向王老师传达了一个明确的信号，那就是学校充分相信王老师，希望王老师能和学校各部门通力合作，把这届学生带好，让学生不仅在学习成绩上有一个大幅度的提高，而且在思想品德、行为习惯和身体素质等方面取得更大的成绩。同时，张校长还希望王老师能注意工作的方式方法，协调好各方关系，充分发挥老先生的优势，做好团结人、凝聚人的工作。

谈话到最后，就是一种愉悦的交流。临走时，王老师向张校长提了一个小小的请求：

"校长，你是知道我性格的，在今后的工作中，在领导面前，可能我还会提不同的意见。你想想，如果我在领导面前总是唯唯诺诺，人家还以为我是在讨好领导，这不是我的个性。但我保证，在背后尽量不说你们的不是，这一点，希望校长你能谅解。"

见此情景，张校长感到今天的谈话已有效果，于是笑着说："好！那我们之间达成协议，为了年级组的工作，也为了我们的学生，让我们共守这秘密的协议。"

在以后近三年内，王老师仍不时与各部门的领导有冲突，但念王老师的年长和学识，也念王老师工作时的投入，更因为王老师在冲突时火候把握得不错，最后，当部门领导深入做工作后，最终年级组的一些工作思想不仅与学校达成了共识，而且在探讨中，形成了更符合本届学生特点的教学管理模式。高中最后一年，整个年级组不仅学风正，而且效果好。六月高考揭榜，高考本科上线率比上一届提高了二十多个百分点，学生在高三这一年不仅参加了区内足球比赛，荣获冠军；还参加了区艺术节舞蹈比赛，荣获第一名。在最后高三工作总结会上，王老师深情地说："本届高三之所以取得这么大的成绩，主要归功于全组教师齐心协力的团队精神和无私的奉献精神，也归功于学校各职能部室领导的大度和科学精致的指导和管理，更主要的是我和张校长之间有一个秘密协议，这个秘密协议解除了我工作上的后顾之忧。"

张校长听后，仍是频频点头。

几年之后，张校长在总结校长工作经验时，他写了以下一段话："校长的管理，从某种意义上讲就是对人的管理。人的个性不同，学识不一样，管理的方法当然要有所区别。校长要一把钥匙开一把锁，把学校中每位教工的积极性尽可能地调动起来。用人的长处，适当包容他人的短处，并讲究一些用人的策略和技巧。如此，教师的潜能就能充分地发挥，学校就能提高办学质量和水平，最终得益的是教师和学生。"

"两力" 突破

以"两力"建设促教师专业成长

学校不断改革创新，积极探索"以两力建设促教师专业成长"的教育实践之路，这条实践之路有四个方面的内容。

一、路在何方，教师专业成长面临挑战

随着教育改革的不断推进，尤其是高考新政的全面实施，给教师的专业成长带来了巨大挑战，这种挑战来自以下四个方面：

1. 来自基础性课程的教学

高考科目和学科学习内容的变化，需要教师重新思考和调整教学的广度和深度，重新设计教学的策略和方法，努力做到既减轻学生的学习负担，又能提高学生的学习效能。

2. 来自核心素养的培育

学生的核心素养本质上是学生解决复杂问题的能力，对复杂问题的界定、把握，以及如何设计复杂问题，考验着教师自身是否具有核心素养及如何培养教师自身的核心素养。

3. 来自育德能力的提升

导师制让"人人都是德育工作者"成为现实，指导好学生成长、成人、成功，考验着学校每一位教师自身的师德修养、育人技术和专业素养。

4. 来自学校的持续发展

我校经过全校教职员工的艰苦努力，有了快速发展，但面对家长的高要

求，学生的高期待，学校面临继续发展的瓶颈，如何突破瓶颈？需要教师专业的新成长。

二、路在脚下，"两力"建设是教师专业成长的关键

如何解决教育改革形势下教师专业成长面临的新挑战？我校经过一段时间的反复思考和研讨，逐步统一思想，那就是要促进教师专业成长，必须聚焦教师的自主学习力和学科思维力的提升，我们有以下三个方面的思考：

1. 教师的专业成长必须要有内生力

面对全新的教育改革形势和教育要求，教师以不变应万变的时代已经过去，跟上教育发展步伐唯一的出路就是不断学习。学习有主动和被动之分，如果教师是被动地学习，就会"既苦又累"，教师"既苦又累"，不可能指望教师教的学生健康快乐；如果教师能够主动地学习，就会有教育成就感，学生"高质轻负"就有了可能。

2. 教师的专业成长必须要有着力点

教师的专业成长需要教师具有自主学习力，教师必须不断学习教育的新理念、新技术，以引领教育的发展。但教师仅有自主学习力还不够，教师还必须具有较强的学科思维力，教师不仅要具备本学科的思维力，而且要具备跨学科的思维能力。教师要指导学生解决复杂问题，自身必须具备过硬的学科思维能力。

3. 学校要为教师专业成长搭平台

激发教师的自主学习力需要外力，我校通过弘扬学校精神，激发教师自我发展热情；通过学习教改经验，增强教师自我发展的危机感和紧迫感；通过教育绩效评估，明确教师自我发展的努力方向。提高教师的学科思维力需要借力，我校通过学科专家讲座，提高教师的专业素养；通过学科深度研究，提高教师对学科思维的把握能力；通过教师学历提升，提高教师的专业境界。

三、行路艰难，持续推进"两力"建设

"两力"是教师专业成长的新动力。近年来，我校持续推进"两力"建设，推出了以下四个方面的举措：

1. 确立了"两力"建设的工作目标

"两力"培养的总目标是促进教师专业成长，由三个分目标组成：一是形

成浓厚的学习氛围;二是提升教师的专业能力;三是形成"两力"建设的基本要求。

2. 提出了"两力"建设的基本要求

"两力"建设的主体是教师,而教师"两力"提升的主体是学校的管理者。因此,学校分别对学校管理者和教师设定了"两力"建设的基本要求。

对学校管理者在"两力"建设中的基本要求一览表

	自主学习力培育	学科思维力培养
管理者	研读一本教育管理类书籍	提炼总结一条教育管理经验
	写一篇教育管理反思文章	提出一个教育管理优化方案
	研究一个成功教育管理案例	创新一种教育管理具体做法
教师	开设一门拓展型课程	完善学科有效教学制度
	积累至少3个研究性课题	制定学科思维力培养的策略、模式
	掌握一种教学软件	积累至少3个培养学科思维力案例

3. 开发了"两力"建设的教师培训校本课程

为了使"两力"培养与学校教师培训相衔接,学校对教师培训课程重新进行了梳理,构建并实施了四大培训课程模块。

"两力"建设的校本培训课程一览表

模块类别	职初教师	中级教师	专家教师	学分比例	责任人
公共理论课程模块	师德修养 政策法规 教学基础	师德修养 教育评价 班级管理	师德修养 课程论 学习论	10%	学校
自主学习力课程模块	学校制度 校史教育 个人规划	学校规划 职业指导 个人规划	校本教研 教育思想 教育特色	30%	个人 教研组
学科思维力课程模块	课程标准解读 学科知识学习 教育信息技术	学科知识深化 课程开发 教育信息技术	学科知识拓展 学科专业发展 前沿 信息技术	35%	个人 教研组 备课组
专题研究模块	心得、体会,论文、课题参与	论文、课题、项目	论著、论文 教材编写 承担培训	25%	学校科研室

4. 建立了"两力"建设促教师专业成长绩效评估管理平台

为了对教师的专业成长有一个科学的考核，全面评估"两力"建设，学校制定了教师专业成长的考核指标，建立了网上管理平台。

部分考核指标一览表

指标	记录	审核部门	备注
课时	教师	教导处	包括兼职
备课	教导处		检查等第（优、良、合格、不合格）
听课	教师	教导处	节数
公开课或讲座	教师	教导处	次数、级别
作业批改	教师	教导处	数量、批改质量或问卷调查
命题/审题	教导处		次数、质量
监考	教导处		次数、质量
材料上交	教导处		及时、完整
拓展、研究型课程	教师	教导处	申报、开课
体育节	教师	教导处	参与度、获奖情况
主题教育活动	教师	政教处	次数、质量、级别
文明班级考核	教师	政教处	获得周次、次数（系统自动生成）
艺术节	教师	政教处	参与度、获奖情况
志愿者活动	教师	政教处	次数、人数
班主任会议	政教处		出席情况
家访	教师	政教处	次数
材料上交	政教处		及时、完整
晚自修值班	教师	政教处	次数
学生发展导师	教师	政教处	指导学生人数
师徒带教	教师	科研室	含校级、区级；含学科、班主任
读书札记	教师	科研室	按时、篇目数、质量
校本教材开发	教师	科研室	数量

续 表

指标	记录	审核部门	备注
课题研究	教师	科研室	数量、级别、获奖、课题负责人或成员
论文	教师	科研室	数量、获奖级别和等第、发表
三大工程	教师	科研室	类别和考评等第
分院特色课题	教师	华三分院	是否参与
指导学生小课题	教师	华三分院	数量、质量
分院课程开发	教师	华三分院	是否参与
常规基础工作	教师	华三分院	等级
创意成果获奖	教师	华三分院	数量、等第
科技节	教师	华三分院	指导数量、等第
竞赛活动	教师	人文书院	数量、等第
实践活动	教师	人文书院	次数、学生人数
社团辅导	教师	人文书院	数量、获奖
社团节	教师	人文书院	节目数量、获奖

四、路渐行渐宽，教师专业成长有新成果

"两力"建设促进了教师专业成长，让教师收获了丰硕成果，表现在以下三个方面：

1."四大活动"教师参与度逐年提高

我校每年均举办教师撰写读书札记、论文评比、课题申报和课堂教学展示活动。三年来，教师参与人数逐年增多，参与质量逐年提高。

"四大活动"参与人数统计表

年份	读书札记撰写人数	论文提交人数	课题申报人数	课堂教学展示人数
2014	87	60	9	39
2015	94	62	8	43
2016	96	74	15	65

2. 教师课程开发能力明显增强

为了办有特色的教育，学校致力于课程建设。近年来，学校在特色课程建设方面有了新突破，教师们开发了学校的科技教育特色课程。

科技教育特色系列课程

序号	课程名称	课程负责人	课程实施团队
课程一	天文科技	杨欢欢	地理组5位教师
课程二	生物科技	刘亚中	生物组5位教师
课程三	化工科技	周 玥	化学组4位教师
课程四	TI在高中数学中的应用探究	吴伟明	数学组3位教师
课程五	高中物理兴趣探究	叶董军	物理组3位教师
课程六	机器人兴趣探究	许 健	物理组3位教师

3. 教师指导学生的能力不断提高

我校推动"两力"建设已有三年，教师专业素养的提升直接推动了学生的发展，让学生收获了丰硕的学习成果。以下是我校2016学年部分教师指导学生获市级以上奖项列表：

市级以上奖项列表

时间	指导教师	内容	级别	获奖人数
2016.09	吴伟明	TI图形计算器数学应用研究——图形	市级	12
2016.10	许 健	机器人竞赛	市、全国	10
2016.11	叶董军	十一届CTEA创协杯亚洲邀请赛	国际	2
2017.03	叶董军	Robo Junior灵巧控制赛	全国	3

教师的专业发展需要教师的自我觉醒。教师的自主学习力能使教师持续发展，让教师勇立教育改革潮头；教师的学科思维力能让教师的发展更专业，实现教师的专业化发展。"两力"建设将是我校今后一段时期教师教育工作的重点，我们将以无须扬鞭自奋蹄的精神面貌，不断创新教育发展之路，继续谱写学校发展新篇章。

核心素养与"两力"培养

读华东师范大学杨向东教授的《核心素养、学生学习与学校变革》一文，我对核心素养有了新的认识，对我校倡导的"两力"培养有了新思考。

一、核心素养是当今教育改革的新要求

杨向东教授在文中对核心素养作了全面的阐述，重点回答了以下三个问题：

1. 为何当今教育改革以核心素养为新要求

杨教授认为这是由教育的"三性"决定的：一是教育的时代性。我们所处的时代是一个以数字技术支撑的时代，面对不断发展的时代，教育必须培养能适应充斥着高技术的工作环境、能解决不良结构的问题、能以团队方式开展工作的学生。二是教育的引导性。受传统教育观念影响，社会对教育提出了更高的要求，"没有最好，只要更好"的教育要求，给家长带来了更大的教育焦虑，教育必须以科学的态度，认真研究改革的目标和方向，引导社会和家长关注核心素养。三是教育的未来性。教育是为未来的社会培养未来的人，未来人不仅需要知识与技能，还需要学习能力、学习品质与身心健康。教育要回应时代的需求，承担引领社会发展的重任，教育改革只能聚焦培养学生的核心素养。

2. 什么是核心素养

杨教授认为，核心素养是应对复杂的、不确定性现实情境的综合性品质。这种品质包含三个方面的内容：一是满足三个条件的品质才是核心素养，即要对社会和个体产生有价值的结果；帮助个体在多样化的情境中满足重要需要；不但对具体领域的专家而言是重要的，而且对所有人都是重要的。二是数字化时代核心素养有特殊的含义，即学生需要具备应对数字化生活和工作环境的关键素养，

能够对复杂问题做出灵活反应，能够有效沟通和在团队中创新，能够持续性生成新信息、新知识或新产品。三是核心素养在本质上是学生的环境适应能力，即个体与环境互动过程中获得的能力，不是靠单纯的（生理上的）成熟就能达到的。

3. 如何培养学生的核心素养

杨教授认为，核心素养是后天教育的结果，这种教育需要三管齐下。一是学生。让学生在与情境互动过程中，首先提出问题；其次围绕问题建立解决问题的各种联系，直至问题解决；最后进行个性化的表达。这种学习方法要不断反复，经常训练，作为学习习惯教育养成。二是教师。教师的主要任务是能够创设与现实生活紧密关联的、真实性的问题情境，让学生通过基于问题的或基于项目的活动方式，开展体验式的、合作式的、探究式的或建构式的学习。三是学校。学校的主要任务是简化环境，审慎选择那些最为核心，并能促进学生获得成长性经验的内容和方式；净化环境，只把有助于建立更美好的未来社会的部分呈现出来；创造一个更为广阔平和的环境，使学生超越所处生存环境和社会阶层的限制。

二、"两力"是核心素养的重要组成部分

"两力"培养是我校基于突破学校发展瓶颈而提出的命题，命题由以下四部分内容组成：

（一）"两力"的基本界定

"两力"指师生的自主学习能力和学科思维能力，其中，自主学习能力特指学习态度、学习习惯、学习方法和学习效能；学科思维能力特指学科知识、情感态度、学科建模和跨学科融合。

（二）"两力"培养的工作目标

"两力"培养的总目标是助推学校转型发展，由以下三个分目标组成：一是要解决学校发展中面临的主要问题。推进供给管理，提高管理的前瞻性和引领性；倡导教学变革，鼓励教育教学各种模式的探索和实践；激发学习热情，培养学生具备自主学习能力。二是要打造一支高素质的教师队伍。教师要厚实专业功底，清晰知识的产生、发展和应用过程；丰富教学技术，具备数字背景下对信息的获取、演绎和创新能力；提高学习意识，保持教育教学变革的激情

和热情，不断探索教育教学的新模式、新方法。三是要形成"两力"建设的基本操作方法。逐步形成两大部分、六个方面的"两力"建设操作方法。包括自主学习力部分，有领导层面、教师层面和学生层面三个方面的操作方法；包括学科思维力部分，同样有领导层面、教师层面和学生层面三个方面的操作方法。

（三）"两力"培养的实施主体

"两力"建设的实施主体是学校的管理者、教师和学生。以管理者的"两力"提升，促进教师的"两力"提高；以教师强有力的"两力"来提升学生的"两力"，最终达到教学相长的目的。"两力"建设的受益者亦是学校的管理者、教师和学生。通过"两力"建设，让学校的管理者摆脱事务性的管理，专注于学校的制度建设和课程管理；让教师摆脱低效的事后重复补救的工作状态，专注于课堂教学的改进和优化；让学生摆脱刷题式的学习方式，专注于自主探究式的学习方式。

（四）"两力"的现状

我们从以下三个维度分析学校的"两力"现状。

1. 学校的管理

我们把学校的管理分作五大类，即学校的精神管理、制度管理、需求管理、结构管理和供给管理，我们把每一类管理的重视程度的最高分定为10分，请21位行政干部打分，结果是精神管理8.1分，制度管理8.9分，需求管理8.0分，结构管理7.6分，供给管理7.0分。表明我校的基础管理比较扎实，但我们在学校的组织架构和人员配置方面变革的力度不大，部门领导凭经验管理，创新性不足；在学校管理过程中，前瞻性、引领性工作缺乏，满足于做好基础工作。

2. 教师的教学

我们把教师的教学聚焦于五个方面，即备课、上课、作业、辅导和改进。同样，我们把每一方面教师的重视程度最高分定为10分，请30位教师打分，结果是备课9.6分，上课9.7分，作业9.3分，辅导8.9分，改进8.7分。表明学校的基础教学工作同样不错，但对如何改进要求不明确，教学改进不足。

3. 学生的学习

我们把学生的学习同样聚焦于五个方面，即听课、作业、预习、拓展和探究，我们把每一项重视程度最高分定为10分，请38位同学打分，结果是听课8.6分，作业8.0分，预习4.5分，拓展5.3分，探究5.0分。表明学生对听课和作业高度重视，对预习、拓展和探究不重视。

通过上述调查研究，得出如下结论：学校在管理中的前瞻性、引领性不够，教师在教学中的改进、优化不足，学生在学习中的自主性、探究性不强。这些不足的根子在师生的"两力"缺乏。

从"两力"这四部分内容看，我们不难发现，"两力"满足核心素养的基本要求，是核心素养的重要组成部分，师生的自主学习力和学科思维力能够促进学生核心素养的培育。

三、"两力"培养的新思考

"两力"培养的本质是提升学生，剔除学校教育无法掌控的因素，"两力"培养的主体是教师，而教师"两力"提升的主体是学校的管理者。因而，"两力"提升的作用点在学生，成效在教师，关键在管理者。以下三个方面的新思考，也是我们的新行动。

（一）三个层面的主体要各司其职

对学校管理者而言，要为师生创设一个良好的教与学的环境，必须要提升管理者的自主学习力，内容包括研读一本教育管理类书籍，写一篇教育管理反思文章，研究一个成功教育管理案例；必须要提升学科思维力，内容包括提炼总结一条教育管理经验，提出一个教育管理优化方案，创新一种教育管理具体做法。对教师而言，要为学生创设真实的问题情境，带领学生共同探究和学习，必须要提升教师自身的自主学习力，内容包括熟练掌握一种教学软件，积累研究性学习的课题，开设一门拓展型课程；必须要提升学科思维力，内容包括会设计问题情境，具备学科建模能力、学科整合能力。对学生而言，要具备核心素养，必须要提升自主学习力，内容包括学习态度、习惯、毅力的养成，学习时间的管理，综合素质的养成；必须要提升学科思维力，内容包括提问的能力、建立联系的能力、个性化表达的能力。

三层面工作的主要内容列表

	自主学习力培养	学科思维力培养
管理者	研读一本教育管理类书籍	提炼总结一条教育管理经验
	写一篇教育管理反思文章	提出一个教育管理优化方案
	研究一个成功教育管理案例	创新一种教育管理具体做法

续 表

	自主学习力培养	学科思维力培养
教师	开设一门拓展型课程	会设计问题情境
	积累至少3个研究性学习课题	具备学科建模能力
	熟练掌握一种教学软件	具备学科整合能力
学生	学习态度、习惯、毅力的养成	具备提问能力
	学习时间的管理	建立联系的能力
	综合素质的养成	会个性化表达的能力

（二）开发学生自主学习力培养的课程

学生自主学习力的培养是一个综合的过程，包括三个方面的教育：一是精神情感方面的教育。强化对学生进行理想信念教育、学习意志力教育和学习动机教育，激发学生持续的学习动力。二是学习方法教育。强化学习的五环节教育，要求学生重视预习、高效听课、及时复习、积极反思、善于检测，遵循学习规律，提升学习效能。三是掌握学习工具教育。教育学生要善于利用各种学习技术，借助各种学习工具，提高学习的趣味性。

为取得良好的培养效果，自主学习力的培养必须分年级，以课程的思想做好培养工作。以下是我校分年级培养学生自主学习力的课程安排：

分年级学生自主学习力培育课程

	目标	内容	负责人
高一年级	适应高中生活，及时做好初高中衔接，善于利用学习工具，重在以学习习惯培养为核心的自主学习能力的培养	我的目标，我清晰 我的习惯，我养成 学习方法，我掌握 我的时间，我管理	胡宝元 胡宝元 陈冬叶 丁蓓蓓
高二年级	进一步认识自我，提高能力，完善自我。面对高考选科，智慧地选择。通过体验课程，进行社会实践活动，提高综合素养	自主创造力，我训练 自主评价，我成功 "加三"课程，我选择 职业体验，我参与	干晓彬 陆俏慧 陈晓娇 陈晓娇
高三年级	掌握科学的复习方法，提高学习效率。收集人才市场信息，分析专业发展趋向，预测专业发展前景	挫折考验，我坚强 复习迎考，我高效 志愿填报，我自主 自招面试，我自信	马 赟 陈春花 叶菲菲 干晓彬

（三）建立学生学科思维力培养的标准

学生学科思维力的培养是一个循序渐进的过程，需要渗透在教学的各个环节。学校以教学设计、作业设计和命题设计为抓手，制定培养学科思维力的标准。

1. 教学设计培养学科思维力的标准

有五条标准：

（1）有一个与现实生活紧密关联的、真实的问题情境。

（2）有一组能够有效解决问题的教学活动形式。

（3）有一些体验式的、合作式的、探究式的、建构式的学习方式。

（4）有体现学习工具或技术的使用。

（5）有较为完整的学生个性化的学习表达。

以下是我校学科思维力培养的部分优秀教学设计案例：

学科思维力培养优秀教学设计案例

科目	课题	教师
语文	《小溪巴赫》教学设计	丁蓓蓓
	《项链》教学设计	王列兵
数学	解析几何的基本思想和方法	吴　均
	解决平面向量问题的常见方法	陆敏杰
物理	功和能量变化的关系	杨梦华
化学	初探有机合成	马　赟
生命科学	生物体中的化合物	刘亚中
思想政治	我国处理民族关系的基本原则	陈　勇
历史	社会变革和百家争鸣	张　艳
地理	斗转星移，四季星空	杨欢欢
信息科技	计算机病毒与防治	蒋春玲
艺术	赏古典舞之美，品古典舞之韵	程琪琪

2. 作业设计培养学科思维力的标准

有五条标准：

（1）有一个可检测的作业达成目标。

（2）有体现三个三分之一的作业要求（三分之一的作业是课堂学习的巩

固，三分之一的作业是课堂学习的拓展，三分之一的作业是实际问题的解决）。

（3）有一些不良结构的、跨学科的、开放性的作业。

（4）有控制作业数量和难度的意识。

（5）有一条体现作业专题性的主线。

以下是我校学科思维力培养的部分优秀作业设计案例：

学科思维力培养优秀作业设计案例

科目	作业内容	教师
数学	解析几何中的定点和定值问题作业设计	郭焱鑫
	数学作业设计要体现逻辑性	蒋志红
物理	机械守恒定律作业设计	魏岚
化学	化学反应为何有快有慢作业设计	李岩
生命科学	生命的物质作业设计	沈月红
思想政治	《从央行"双降"看我国的宏观调控》作业设计	邱路卫
历史	历史作业与历史思维能力的培养	陈紫薇
地理	《世界地域文化》作业设计与学生思维能力的培养	余兆木

3. 命题设计培养学科思维力的标准

有五条标准：

（1）能反映教与学的真实水平。

（2）能激励后续的教与学。

（3）把握试题的难易度、梯度。

（4）把握试题所体现的知识的完整性、方法的普适性和能力的可检测性。

（5）有一些探究性的试题。

以下是我校学科思维力培养的部分优秀命题设计案例：

学科思维力培养优秀命题设计案例

科目	命题内容	教师
语文	语文学科思维能力培养与命题设计	邢芳
数学	高考数学模拟试题的命题要求	蒋志红
	单元考试题的命题与学科思维能力培养	陈兰萍
化学	《化学键和晶体》命题的设计思想	李超

续 表

科目	命题内容	教师
生命科学	《植物激素》命题说明	翁　莉
思想政治	《我国现阶段的社会保障制度》命题思想	李益超
历史	高中历史学科命题的基本要求	余兆木
地理	地理学科思维力在试题中的体现	赵彩霞
信息科技	在信息科技试题命题中如何体现学生学科思维力的培养	顾海英

　　高中教育改革已到了关键期，聚焦学生核心素养的培育，教育就会峰回路转，柳暗花明。我校经过一段时期的快速发展，现在面临发展的瓶颈，突破发展的瓶颈，唯有变革。"两力"培养是我校今后一段时期的工作重点，我们要以"两力"助推学校转型发展，继续谱写学校发展的新篇章。

"两力"建设，从学校管理者开始

"两力"，即自主学习力、学科思维力。

"两力"的提出，缘于对学校持续发展的思考。从2014年暑期提出"两力"，至今已经历了三个认识和实践阶段。

一、对学校发展的深入研究

2007年4月，在全校师生的共同努力下，学校成功创建上海市实验性示范性高中。同年9月学校举行了主题为"当学校成为上海市实验性示范性高中后，我们怎么办"的大讨论，一年左右的讨论，全校师生达成了以下三点共识：一是我们现在的办学质量和市实验性示范性高中的教育质量要求还有差距；二是我们现在管理者的管理水平、教师的教育教学水平、学生的学习水平还有很大的提升空间；三是我们要办名副其实的上海市实验性示范性高中。在这个过程中学校采取了以下五条措施努力提高学校的办学质量：一是对学校精神的大讨论，最终形成了大家认同的"大气睿智，境界高远，追求卓越"的学校精神；二是强化对有效教学的研究，形成了《学科有效教学制度》《有效教学100问》；三是全面梳理了学校的课程体系，形成了基于学校特点的对"三类课程"统整的"五大课程"模块；四是强化了学校的各项管理，形成了《华东师范大学第三附属中学章程》；五是强化了对学校队伍的建设，形成了打造"四支队伍"的基本要求。经过华东师范大学第三附属中学师生员工的努力付出，至2012年学校的各项办学指标均有了显著提高，基本达到了我们要办名副其实的上海市实验性示范性高中的目标。但在2012年至2014年，我们有明显的感觉，我们做得很累，似乎所有的工作都已到了极限，学生的发展也进入了瓶颈期。华东师范大学第三附属中学人的责任和使命，迫使我们进一步思考。2014

年暑期经过全校上下再一次讨论，确认学生发展的瓶颈在学生的自主学习力和学科思维力上，学生的自主学习力缺乏，学科思维力不足。于是，我们又一次达成共识，那就是我们要想方设法地提升学生的"两力"。

二、对学生学习的深入研究

华三附中的学生在学习上花的时间不少，但学习成效不高，经过深入研究，我们发现学生学习进入了一个怪圈，因为没有时间和习惯做好预习工作，导致上课效率不高，完成教师布置的作业要花很多时间，没有时间复习、整理和反思，没有时间预习。同时，我们对学生学习的"五环节"作抽样调查，对每一环节以满分10分为要求，请学生打分，结果平均分如下：

结果平均分明细表

听课	作业	预习	拓展	探究
8.6	8.0	4.5	5.3	5.0

通过对上述学生学习状况的分析，我们得出两个方面的结论：一是学生没有预习的习惯，导致学生不会学习，表明学生自主学习能力没有。因为学习理论表明，预习是最好的学习，没有预习就没有学习。事实也是如此，听课、作业和考试学生都是在被动完成教师布置的任务，学生没有主动学习的成分。长此以往，学生就不会主动学习，更谈不上具有自主学习能力。二是学生没有反思的习惯，导致学生机械学习，表明学生学科思维能力没有。因为学习经验表明，反思是最好的建构知识的方法，没有反思就无法建立联系。事实也是如此，只会完成教师布置的作业，学生就不会明白学科知识的产生、发展和应用的过程。长此以往，学生就不会思考问题，更谈不上具有学科思维能力。而在当今高考新政背景下，教学的要求是要用学到的学科知识去解决实际问题。如此，对新知识的学习能力，对学科知识的应用能力就显得尤为重要。于是，我们对如何培养学生的自主学习能力提出了三个方面的要求：一是要有预习环节，提出了预习的基本要求；二是要有对自主支配时间的管理意识，提出了对课余时间的规划要求；三是提高学习的效率，提出了如何听课的"五到"要求。同时，对如何培养学科思维能力也提出了三个方面的要求：一是要理解知识的来龙去脉，提出了每周六整理一周学习内容的要求；二是要建

立错题集，提出了每周六整理一周错题的要求；三是要深度学习，对知识的学习和应用要更进一步。

三、对"两力"建设的反思和要求

从2014年暑期学校提出"两力"培养要求之后，我们用了两年时间不遗余力地努力培育学生的"两力"，至2016年暑期我们在总结"两力"培养时，大家得出的结论却令人沮丧，学生的"两力"没有得到显著提高。为此，2016年的暑期学校破天荒地连续开了三次校务会议，反思"两力"培养效果不明显的原因，最终结论有三：一是我们对培养"两力"只有要求，没有督察检查，导致"两力"培养没有落实到学生的学习中。二是教师对学生"两力"培养认识不深，没有主动结合本学科的教学进行细化落实，导致教师们一直在等待学校出台具体的"两力"培养细则。三是学校的管理者对"两力"培养认识不到位，没有主动把"两力"培养融入日常的教育教学管理中，导致"两力"培养指导不到位等问题。找准原因之后，学校调整了思路，提出了三项工作要求：一是要进一步统一思想，提高认识。我们提出了要树立三种意识：品牌意识、质量意识和规则意识；要具备三种能力：学习能力、规划能力和动员能力；要消除四个误区：一张文凭（职称）闯天下的误区、学科教师只管教学的误区、教学就是教知识的误区、个体强团队就强的误区。二是学生"两力"的培养有赖于教师自身的"两力"，没有教师"两力"的提升，学生的"两力"便不可能提升。我们对教师提升自主学习力提出了三个方面的要求，即要开设一门拓展型课程、积累至少3个研究性学习的课题、至少熟练掌握一种教学软件；对教师提升学科思维力也提出了三个方面的要求，即完善学科有效教学制度、制定学科思维力培养的策略和模式、积累至少3个培养学科思维力案例。三是教师"两力"的提升，需要学校管理者"两力"来引领，管理者"两力"的水平决定教师"两力"的水平，决定学生"两力"能否培养成功，因而管理者的"两力"是关键。对管理者的自主学习力我们提出了三个方面的要求，即研读一本教育管理类书籍、写一篇教育管理反思文章、研究一个成功教育管理案例；对管理者的学科思维力同样提出了三个方面的要求，即提炼总结一条教育管理经验、提出一个问题并设计解决方案、创新一种做法。

学校要成为优秀的学校，需要有一个优秀的管理团队，优秀的管理团队不会自然形成，需要自我加压，需要忍辱负重，需要无私奉献，同样需要快马加鞭。从2017年暑期我们提出要加快管理者"两力"建设的要求，到今天我们汇编学校管理者"两力"建设的成果，其中半年多的时间，我们在艰难中度过。教育改革改到我们自己头上了，拿自己开刀，革自己的命，一开始我们是想不明白的，但在今天看来，没有这样的工作状况，没有这样的工作激情，华三在我们手里是要落后的。为了证明我们不是一个落后的管理团队，我们时常给自己压担子，提要求，这是我们一直想优秀的原因。"两力"建设，从学校管理者开始，是一种责任，更是一种担当。

《论语读本》与“两力”培养

读刘定一老师编著的《论语读本》，我对我校致力于学生自主学习力和学科思维力的“两力”培养，有了新的理解和认识。

子曰：“不愤不启，不悱不发。举一隅不以三隅反，则不复也。”学生不到“愤悱”的境地，不要启发他，这是培养学生自主学习力。当今学生的自主学习力不足，有多方面的原因，其中一条便是教师在教学时经常把知识或答案直接告诉学生，长此以往养成了学生学习上的依赖性，学生学习上的依赖性导致学生不会学习，也不愿学习，最终导致学生缺乏自主学习力。如何培养学生的自主学习力，从“不愤不启，不悱不发”中我们有以下三个方面的理解和认识：一是要明确教学目标。本节课或本单元要解决什么问题，培养学生什么能力，教师必须明确。二是要明确教学步骤。达成教学目标必须要分步骤，通过若干个教学步骤的推进实现教学目标。三是要设置问题情境。每一教学步骤的推进必须要用几个问题来衔接，在探讨和解决问题中，就能培养学生的自主学习力。学生“举一隅不以三隅反”，同样不要再教他，这是培养学生的学科思维力。当今学生的学科思维力不足，也有多方面的原因，其中原因之一是教师在教学设计时，没有厘清知识的产生和发展过程，导致教师在课堂教学过程中推理演绎不够，长此以往导致学生不会思考。如何培养学生的学科思维力，从“举一隅不以三隅反，则不复也”中我们亦有三个方面的理解和认识：一是教师讲透“一隅”。把“一隅”的来龙去脉彻底搞清楚，以达到学生学会的目的。二是学生探究“二隅”。以“一隅”的思路进行分析和演绎，以达到内化的目的。三是学生研究变化了的“三隅”。在新的问题情境下，看清问题本质，找到解决问题的思路和方法，以达到培养学生能力的目的。

子曰：“学而不思则罔，思而不学则殆。温故而知新，可以为师矣。”

刘定一老师为"学而不思"建立了一个模型：比如学《论语》，读完一本注释书，明白每章文字是什么意思，也记住了，而怎么用于人生还是不知道。对我们培养学生"两力"有三个方面新的启发：一是要明白学是为了用的道理。无用的或有害的东西不能学，人生有限而要学的知识无限，必须要对所学的知识做选择。二是要不断检测学习的效果。是否学会了要进行检测，通过检测强化学习，学习不能只问耕耘不问收获。三是要真学。学而不用或学而不会用的原因是还未学透，学透了自然会用，因而要沉下心来认真学，要真学。刘定一老师也为"思而不学"建立了一个模型：如油锅或电线短路烧起来了，不学消防知识单凭经验，想到水能灭火，于是你浇水，结果就惨了。我们在培养学科思维力时同样要注意此问题，不能为了培养学生的学科思维力而放松对基础知识的学习，只有夯实基础知识，才能培养学科思维力，否则学科思维力的培养会成为无源之水；不能为了培养学生的学科思维力而放松对课堂教学的管理，只有强化课堂教学组织，落实各个教学环节，才能让学生学到真本领，否则学科思维力的培养便会成为无本之木。刘定一老师对"温故而知新"有自己的理解，认为"温故而知新"不仅指学习，还指为人做事。我们所倡导的"两力"培养，就是要让学生学会学习，通过自主学习力的提高，能够主动学习，主动探究新知识；就是要让学生学会做人，通过学科思维能力的提高，能够善于学习，提升各种能力，掌握各种本领，进而成为社会主义的建设者和接班人。

子曰："三人行，必有我师焉。择其善者而从之，其不善者而改之。"我与其他两人同行，其中必有我的老师，这是一种胸怀和品格。自主学习力的培养是一种胸怀和品格，有三个方面的理由：这是一个知识爆炸的时代，任何一个人想要学完所有的知识是痴心妄想，具有自主学习能力，就能学到想学的知识；这是一个快速发展的时代，今天所学的知识明天可能便会过时，具有自主学习能力，就能不断学到新的知识；这是一个不断创新的时代，谁也料想不到明天会出现什么新的技术和产品，具有自主学习能力，就能不断拥有新的知识。学科思维能力的培养同样是一种胸怀和品格，这是一种学习理念的变革，学习不再是两耳不闻窗外事，一心只读圣贤书，而是追随时代和社会发展；这是一种学习方式的变革，学习不再是单打独斗，而是相互学习，共同提高；这是一种学习潜能的挖掘，任何一个人的思维总有局限性，三人行，会有一个思想和另一个思想交换产生无数个思想的效应。他做得比我好的，我向他学；表现不佳的，我引以为戒，这不仅是一种学习方法，也是一种学习智慧。"两力"的培养，需要方法，通过教师的教，让学生从预习开始，慢慢养成自主学习的习惯；通过学生之间的讨论和交流，分享学生的学习经验，让学习从归纳总结开始，慢慢养成学科思维的能力。"两力"的培养，更需要智慧，通过培养学生的学习兴趣，提升学生学习的精气神；通过开展各种学习展示和观摩活动，增强学生学习的自信心；通过开展各种学习评优活动，提高学生学习的获得感。

"《论语》应该是一部中国人人人必读的书。不仅中国，将来此书应成为世界人类的人人必读书。"这是《论语读本》在首页前一段钱穆先生的话。这段话不仅说明了《论语》的价值，也说明了刘定一老师花费心血编著《论语读本》的价值。细读之，联想到对学生"两力"的培养，有感。

有效教学，智慧课堂

有效教学是教师专业发展的重要组成部分，是教师一辈子探索和实践的责任，学校中的每一位师生要不懈努力，上下求索。有效教学需要教师具备较强的语言表达能力、教材处理能力和课堂教学组织能力，需要教师"边教学边研究"，需要教师善于组织小组合作学习和对话学习，需要教师科学处理好作业。互联网和人工智能为提升教学有效性提供了工具和手段，"智慧课堂"能够改变学校课堂的生态，使课堂教学实现精准化和个性化成为可能，教育应该在信息化社会中起引领作用。学校的发展需要课题引领，学校课题的选择要坚持三条原则：整体发展性原则，让学校得到持续发展；个体发展性原则，让教师得到全面提升；问题导向性原则，让问题得到不断解决。

有效课堂教学，我们的思考与实践

一、强化教师的三种能力

提高课堂教学的有效性，教师的教学能力至关重要。而在教学能力中起关键作用的我们认为有以下三种能力：

1. 语言表达能力

教师语言表达的条理性、简洁性、激励性和准确性，是课堂教学有效性的前提与保证，因而我们要求教师在进课堂前先理思路，想清在这一节课中说什么，怎样说。

2. 教材的处理能力

二期课改要求学生在探究的基础上，建构生成新的知识，因而教材中的知识是以学生认知先后次序编排的，但我们认为，作为具有专业背景的高中教师，在教学时必须兼顾学科的知识体系和学科的教学体系，因而根据教与学的实际，对教材的再加工就显得尤为重要。

3. 课堂教学的组织能力

一堂课就如一出戏，课堂教学的结构、节奏、轻重、衔接及在教学中可能会生成的新问题，教师必须要有即时处理能力，这种能力应充盈着智慧和睿智。

二、搭建教师成长的三个平台

课堂教学的有效性关键在教师，而教师的成长具有规律性和可塑性，为了使教师成长好，我们为教师搭建了以下三个平台：

1. 教师学习的平台

我们把教师按年龄和职称分为三个层次，进校五年以内的教师我们以"3+2"模式对年轻教师进行培养，前三年为青年教师带教工程，后两年参加学校成立的青年教师"卓越"沙龙，让他们掌握有效课堂教学的基本要素；五年以上的中级教师我们以"后备名师"为培养模式，让他们在课堂教学的有效性上下功夫；学校内的高级教师我们以"校名师"为培养模式，让他们展示自己的教学经验。三阶段的教师教育形式，让教师充分学习，不断提高教学理论水平。

2. 教师实践的平台

我们以"三类课"促进教师的课堂教学。两周一次的组内讨论课让我们相互补益，相互改进；两月一次的校内研究课让我们相互交流各学科课堂教学的好经验、好方法；一学期一次的校外展示课为教师的成长创设条件。每学年的第一学期，我们组织举行一次教学公开展示周活动，第二学期则举行青年教师教学大奖赛，让我们所有的教师都有展示自己的机会。

3. 教师对外交流的平台

区内学校的教师展示课，区外学校的教学公开活动，我们每次都派车辆送相关教师前往学习，我们派教师去了华师大一、二附中，市二中学，上海市试验学校，进才中学等学校参加教学活动，不仅开阔了教学眼界，而且改善了自己的教学方式。

三、提倡课堂教学的"四个一点"

评价课堂教学有效性的指标有很多，但我们认为能体现以下四点的课堂，至少不是无效的课堂。

1. 节奏快一点

要求课堂中的每位成员必须参与课堂教学中的每一个环节，要层层推进，环环相扣。

2. 容量大一点

要求教师对某一知识点的教学要宽一点、深一步，讲透、讲全本节课的内容。

3. 专题性强一点

要求教师在教学时围绕主题，有目的地发散和拓展。

4. 关注学生多一点

要求师生的交流是全覆盖的，教师在课堂中关注的是学生而不是知识。

我们对学校中的每位教师进行了随堂听课，我们发现课堂教学的这"四个一点"正在被我校的广大教师所接受，并成为课堂教学的行动指南。同时也发现课堂教学体现这"四个一点"的教师，课堂教学的实效性就强。

四、要求在课堂教学中学生必须做到"五到"

决定课堂教学的有效性，我们认为不仅仅在教师一方，教学主体学生的有效参与是课堂教学有效性的另一重要因素，因而我们要求学生在课堂学习时必须做到以下"五到"：

1. 心到

全身心地投入对知识的探究和感悟，不分心，不走神。

2. 眼到

善于用眼观察，努力捕捉课堂教学中教师与同学智慧的火花。

3. 手到

勤记、善记重点、难点和不懂点，对有些实验要亲手做一做，试一试。

4. 耳到

善于聆听同学和教师的表达，要听得进记得住。

5. 情到

带着感情上课，以满腔的热情迎接课堂、知识、教师，不带情绪上课。

课堂教学的有效性是由学校有效的管理、教师有效的教学、学生有效的学习三者组成的，这三者缺一课堂教学的有效性便无从谈起，因而三附中正在不断努力，让管理、教学、学习都有效，从而进一步推动学校的发展。

有效教学与"边教学边研究"

读华东师范大学出版社出版的《16位教育家的智慧档案》时，特级教师魏书生老师在回答青年教师"你是怎样提高教学效率的"时，说了这么一段话："仔细想来，我提高教学效率主要靠边教学边研究，从科研的角度来认识教学。我努力叮嘱自己要力求从旧中看出新来，今天的我应该比昨天的我有新的发现、新的认识、新的提高。我的观念更新了，世界在我的眼里就新了，自己新，他人新，世界新，工作新，人工作起来效率才高。从科研的角度来看，就常觉得：我今天讲课要比昨天有新的突破；语言要比昨天更吸引人，更有感染力；表情要比昨天更使人愿意接受；姿态要比昨天更自然；板书要比昨天更富有启发性；和学生的感情要比昨天更融洽。做不到多方面比昨天强，就只做一个方面中的某一小点，这样嘱咐自己去上课时，精神上就会感觉很愉快，就会总觉得有新的值得研究的课题。"魏老师的话在我看来主要包含了以下三层含义：一是教学要时时研究；二是研究的内容要围绕课堂教学；三是课堂教学需要情感投入。为了更好的做好"边教学边研究"，可以对这三层含义作适当展开。

教学要时时研究。在魏书生老师看来，人们从事某项劳动大致有两种方式：一种是重复式，另一种是研究式。重复式的劳动就是沿袭前人，沿袭自己的昨天，循规蹈矩，日复一日，谈不上提高，劳动者本人也会感觉累，疲乏厌倦。研究式的劳动就是千方百计地想今天比昨天干得更巧、更好，使自己劳动效率更高。劳动者本人也会感觉轻松快乐，积极充实，进而更加热爱自己的工作。教学是把程式化的知识通过教师传授给学生的工作，这种工作本身具有研究的功能，在昨天教学工作的基础上，如何有效地建构新知识，并且这种知识能够被学生在短时间内快速掌握和应用，达到常教常新，越教越有趣，越教越有劲的境地。

研究的内容要围绕课堂教学。魏老师对课堂的研究重点放在语言、表情、板书、姿态和学生的感情上。研究自己的语言表达是否准确、流畅、富有感染力；研究自己的表情是否随着知识的传授过程而有所变化，能呼应课堂教学的氛围；研究自己的课堂教学姿态是否落落大方、干净利落，没有多余和不自然的形体动作；研究板书的整齐、快速和有利于学生记忆；研究课堂中和学生的关系是否融洽，教师能否起到主导作用，教师对各种层次的学生是否关注到位。教师对课堂的研究在每天的备课之中，在每天的课前和课后。现在如果说我们对课堂教学的效益还有所期待，原因就在于我们对每天的课堂教学研究得还太少，一节课不研究，浪费一点时间可能影响不大，时间一长，横向比就会拉开差距。

课堂教学需要情感投入。教学工作面对的是活生生的学生，教师的精神、气质直接影响着教学的效果，也直接影响着学生的内心世界。教师对课堂教学的情感投入贯穿于课前、课中与课后。课前充满情感地精心备课，对知识的整体框架、知识细节、可能引申的知识预备、学生的认知冲突都要运筹帷幄，了然于胸，了如指掌，最大限度地避免教学缺憾。课中充满情感地与学生一起研究知识的产生、发展、应用过程，让学生不仅学到知识，还学到教师的为人、教师由内而外散发的智慧和文化。课后充满情感地做好作业的批改，课后的个别谈心和辅导，教师永远要有一股子战胜一切困难的勇气和自信，给学生阳光，长学生志气。教师的教学投入，让教师的工作充满乐趣，令人兴味盎然。

解决教学效率不高，教学付出很多而收获不大的问题，现在看来有效的方法是边教学边研究。在日常的教学工作中，我们经常会产生教学和研究脱节的现象，为教学而教学，硬干、死做，一味地想通过增加时间来提高学习成绩，最终师生精疲力竭而效果不佳。为研究而研究，为了写论文、做课题集中时间抄写国内外的教育理论，设计理想的教育模式，抽取有限的教育片段进行教学研究，最终为写而写，起不到很好的促进教学的作用。魏书生老师的观点不仅对我们的教学有启发，而且对反思我们当前的教学研究工作有很强的指导作用。教学只有边教学边研究，才可能有效！

开展小组合作学习的原则与注意点

《有效教学100问》是由华东师范大学三附中马志龙老师主编的一本校本教师培训教材，其中的"如何有效开展小组合作学习"是由华师大三附中陈妹清老师提供的一个案例。陈老师由小组合作学习产生的苦恼，寻找小组合作学习效果不佳的原因，到最后对症下药，采取的两种对策，在我看来是体现了教师的教学智慧。

一、开展小组合作学习的四条原则

小组合作学习是日常教学中经常被教师采用的一种教学方法，这种教学方法不仅克服了教师满堂灌的不足，而且能充分调动学生的学习积极性，对活跃课堂气氛具有良好的效果。但真要使小组合作学习有序、有效，我们必须要注意坚持小组合作学习的以下四条原则：

1. 明确性原则

教学过程应是有意义的知识互动过程，小组合作学习作为一种教学策略，必须要明确为何要选择此教学策略。要明确小组合作学习的目的，即要通过小组合作学习解决什么问题；同时要明确小组合作学习的过程，即采取什么小组合作学习的途径来解决问题；最后要明确小组合作学习的方法，即在小组合作学习中，每位学生必须明确小组合作学习的程序、流程。

2. 紧凑性原则

课堂教学是有时间限制的教学活动，小组合作学习如果调控不当，往往在时间上难以控制，因而在组织小组合作学习时必须要精选合作学习的内容，有些教学内容是适宜小组合作学习的，但有些内容却不适合小组合作学习。同时要使小组合作学习的各个环节设置得当，小组合作学习分几个环节，各个环节如何衔接，都要使学生心中清楚。最后在时间的安排上也要适当，安排时间过长，课堂会显得松懈拖沓；安排时间太短，起不到合作的效果，因而有经验的教师在组织小组合作学习时，都有比较精确的预设，保证课堂教学比较紧凑。

3. 全员性原则

小组合作学习要使每一位学生都有主人翁意识，要人人参与。教师在组织小组合作学习时要使每一位学生都有组织的任务，即要使每位学生都主动参与，并自觉参与合作；要使每一位学生都有说、写、做的任务，有效的教学活动是离不开说、写、做的，每一位学生都要开口说，动手写，亲身做，不做旁观者；要使每一位学生都有展示汇报的任务，要尽可能多地使学生都有上台的机会，代表自己、小组成员进行展示汇报。

4. 互动性原则

小组合作学习就是集大家智慧，多角度、多侧面地分析问题、解决问题，因而不仅要生生互动，而且要师生互动，有时还要生本互动。学生之间的互动能相互启发，增强同学间的情感；学生与教师之间的互动，有利于完善学生的思维，培养学生良好的思维品质；学生通过看书本、查资料来获取知识，有利于培养学生信息的检索能力。

二、开展小组合作学习的注意点

上海市二期课改强调"以学生发展为本，构建适合每位学生的教育"，要求切实转变教师教的方式和学生学的方式，开展小组合作学习可能就是一种好的教的方式和学的方式，但在组织开展小组合作学习时，除了要坚持上述四条原则外，我们还必须要注意以下四点：

1. 教学方法的选择要多样

一个教学内容选择什么样的教学方法最有利于学生学习，在选择开展小组合作学习时一定要认真考虑，考虑有没有更好的方法来处理这一个教学内容，毕竟小组合作学习需要有较多的时间保证，即使选择采用小组合作学习的教学方法时，也要不断提出改进措施，优化小组合作学习的方法，使此方法常用常新。教学时最忌教学模式和方法一成不变，要调动学生学习的积极性和主动性，唯一的方法便是常教常新。

2. 合作学习要归纳

小组合作学习最后产生的结果可能是多样的，教师在这一过程中要及时做好归纳总结工作，正确的要肯定，错误的要纠正，不完善的要补充完整，要把所有要求学生掌握的知识内化为学生解决问题的能力与方法，合作学习最忌热热闹闹无总结。

3. 小组合作要点评

教学工作就是在不断改进中取得实效，开展小组合作学习同样如此。在合作学习中要及时鼓励那些积极参与的学生，要及时表扬那些表现突出的学生，努力使好的、出色的学生在下次合作学习中保持，克服改进不足部分，使以后的小组合作学习更有效。

4. 课外学习要持续

课内开展小组合作学习是教师的一种教学方法，教师也要提倡学生在课外自主地开展小组合作学习，班级中如果能不断出现小组合作学习的形式，则能充分发挥班级的集体智慧，形成良好的学习氛围，同时有利于培养学生良好的团队精神、互帮互助的意识和合作包容的时代精神。

"如何有效地开展小组合作学习"是陈妹清老师在教舒婷的《双桅船》一课时思考的结果，其中所思考的三个部分，即出现症状、把脉求医、对症下药，实质上是教学问题解决的三个环节或称为三部曲，教学上的很多问题要解决必须照陈老师的方法，除非在教学中我们对问题视而不见。当然，在出现症状时，先要看清症状，分析原因，找准发病的原因，然后对症下药，如此就能药到病除。问题解决之后再作反思，再归纳出一些原则和需要注意的方面，则我们的教学无效都难。

对话学习让教育更有效

读了西班牙巴塞罗那大学社会学教授拉蒙·弗莱夏的著作《分享语言——对话学习的理论与实践》（以下简称著作），我对教育，尤其是对有效教育，有了新的思考。

一、七条基本理念

拉蒙·弗莱夏教授以社区一个文学社的活动为案例，揭示了对话学习的重要性，著作阐述了以下七条对话学习的基本理念：

1. 平等

著作告诉我们，对话最基本、最重要的理念是平等，在对话学习中没有权威，也没有权威者。

2. 文化智力

著作认为，文化智力是从整体上看一个人。每个人都有自己的智力优势，都有自己的发展前景，不应仅以一个人智力的高或低来评价。

3. 转化

著作告诫人们，传统的教育只是教人如何适应社会，而对话教育是鼓励人改造社会。

4. 对话性学习

著作指出，对话性学习包括了以知识和技术为对象的工具性学习的全部内容，同时它更强调交往和互动。

5. 创造意义

著作认为，人与人之间的互动创造了语言，语言加剧了对话，当对话开始时，意义就产生了，对话创造了信息及信息在生活中的意义。

6. 互利互助

著作提出，平等教育以互利互助为基础，互利互助也是对话学习的目的。

7. 不同见解具有平等地位

著作强调，人的见解不因为他的地位高低、学历高低而有不同的地位，不同的见解具有同等的地位，对话学习追求所有见解的平等地位和生活方式的合理性。

二、对教育的四个思考

上述七条对话学习的基本理念，使我对教育，尤其是对有效教育有了新的思考，体现在以下四个方面：

1. 教育要更有效，必须要强化对话学习

我们研究有效教育，是因为现在的教育还存在大量无效的现象，造成这样的局面不是教育者不勤奋，而是在教育中缺乏和学生进行有效沟通和对话的意识。这一方面和我们的教育理念有关。教育中我们经常会有主体和客体的思想，好为人师的秉性让师生之间存在对话的障碍；另一方面和我们的教育模式有关。班级授课制，使教师重点关注如何把知识讲清楚，学生之间的对话缺乏时间和空间。强化对话学习，能有效强化师生之间的沟通和交流，能让教育得到及时反馈，产生最佳的教育效果。

2. 强化对话学习，首先要理解什么是对话学习

所谓的对话，仅指两个或两个以上的人就某个题目进行交谈；所谓学习，指通过听课、阅读、实验、练习、体验等获得知识或技能。所以，对话学习指两个或两个以上的人就某个题目进行交谈从而获得知识或技能的过程。对话学习的关键是过程，重点是交谈，目的是获得知识或技能。拉蒙·弗莱夏教授在著作中明确指出：对话并不是一种方法，或者主要不是一种方法，而是一种政治主张，一种把人看作人格平等的人，不论财富多寡、出身尊卑、年龄长幼、文化高低、性别男女，平等对待、一视同仁的人文追求，是一种打破我们已经习以为常的思维方法和话语系统，挑战现代文明的教育制度和教育标准的人的解放的教育思想。因而，对话学习不仅是一种学习方法，还是一种教育思想，更是一种让人平等的政治主张在学习中的反映。

3. 强化对话学习，必须要明确对话学习的基本要求

从拉蒙·弗莱夏教授的著作中不难归纳出，对话学习必须要明确五条基本要求：一是要平等对待学生。不论学生的学习基础、家庭条件、性格秉性、学习能力如何，教师都要平等对待学生；不论学生对话学习的水平高低、层次差异、反应快慢，教师都要以积极鼓励的姿态平等对待学生。二是要设计好对话学习的基本内容。一方面要做到对话学习的主体突出、内容明确，避免对话学习无序、混乱；另一方面要及时关注学生在学习中的闪光点，对学习中存在的问题要及时回应，努力提高学生学习的积极性和主动性。三是要把握好对话学习的各个环节。对话学习的引入要以学生现有的知识为背景，让学生有探索的激情；对话学习的进程要分段，既要有前后的关联性，又要有相对的专题性；对话学习的结尾要引发学生思考，既要有归纳、总结的过程，又要留有悬念，让学生有继续探究的兴趣。四是要掌握多种对话学习的技术。对话学习包括师生之间的对话学习、学生之间的对话学习、学生和教材书本之间的对话学习、学生自己和自己反思性的对话学习，等等。教师要熟练掌握这些对话学习的技巧。五是要具备对话学习的评价本领。要强化对对话学习本身的研究，尤其要有不断优化对话学习的本领，其中的关键是要有对对话学习评价的本领。从对话学习的内容、形式、程度、参与等多方面予以评价，特别要关注所谓的"后进生"在对话学习中的表现。

4. 强化对话学习，必须要消除对对话学习的错误认识

对话学习作为一种学习方式，我们并不陌生，两千多年前孔子的教育就是对话式的教育，但现在我们变为讲解式的教育了，究其原因，是我们对对话学习在认识上存在误区，主要体现在以下四个方面：一是认为对话学习占用了过多的学习时间，教师直接讲解可以节省时间。对话学习从表面上看花的时间较多，但由于师生的高投入，学生的学习不仅透彻，而且比较能够内化，让学生真懂。教学中教师直接讲解，表面上节省了时间，但由于学生没有主动参与，被动接受，听听都懂，做做就错，其实一知半解，这就是现在经常听到教师们抱怨，已经讲了多遍了，怎么学生还是不会的真正原因。二是认为对话学习的教学组织比较困难，容易松懈，纪律保证不了。对话学习之所以有纪律不好的现象，原因不在对话学习本身，而在对话学习的组织，如果对话学习的组织是有序的，对话学习的内容是明确的，对话学习的纪律完全能够保证。教师讲解的教学，如果组织不好，同样有闹哄哄的现象出现。三是认为对话学习适合文科学习，理科学习不适合。由于我们经常把对话和论坛混为一谈，导致大家都认为，对文科的内容，讨论讨论就可以。事实上，对一些比较难理解的理科知识更需要大家共同探讨，以理清思路。对一些新的技术也需要交流，以起到相互学习的目的。四是认为对话学习只适合学习基础好的学生，学习基础不好的学生缺乏对话学习的基础。如果我们认真分析学生的学习情况，学生基础之所以好，不是因为学生在学习的过程中和教师有优先对话的机会吗？学生基础不好，就是因为在学习的过程中，这部分学生参与对话的机会很少，甚至没有。因此，教学要有效，就要想方设法让所有学生都参与到对话学习的过程中来，而不是只让少部分学生参与。

对话学习有广义和狭义之分，广义的对话学习就是拉蒙·弗莱夏教授在著作中阐述和描写的社区学习，它不仅让人有效地学习到知识、技能，更让人争取到应得的权利，实现人的解放和自由；狭义的对话学习特指课堂中的教学，采取对话学习的方式，充分调动每位学生的学习自主性，既能实现教学效率的最大化，又能有效激发学生的学习兴趣，化被动学习为主动学习。我们实践对话学习，拉蒙·弗莱夏的著作对我们有启示和借鉴意义。

从一则教学实例谈对学生作业的处理

静教院附校有一位语文王老师在新接一个初二教学班时，向全班学生说："语文学习中写作水平的提高往往很难，一般的方法是要多写，常常有大作文、小作文、周记、日记等。但是，多写我往往来不及批改，多写如果得不到批改，写作水平只能在一个水平上重复，所以，我的意见是少写……"此话一出，学生欢迎，可家长担忧：这位教师还在为自己的偷懒找借口！两三个月之后，家长的担忧消失了，因为学生与家长看到了王老师对学生作文批改的字数比学生作文字数还多！不但有作文指导，还有师生情感交流。之后，对不同的作文还有不同的要求，有的要重写，有的要修改。一年过去，这个班级的语文水平在提高，作文在进步，王老师最后写了一篇论文：《爱需无痕，教必得法——谈作文的批改》。

一、有效的作业处理应把握好以下四个环节

语文王老师对学生作文的批改是花了心血、想了办法的，调动了学生写好作文的积极性，用这样的方法批改作文，效果不可能不好。推而广之，如果教师对学生作业的处理都能像王老师那样精心到位，则教学的有效性就有了保障。对学生作业的处理是教学的一个重要组成部分，有效的作业处理应把握好以下四个环节：

1. 作业的收交

作业收交是作业处理的第一环节，如果连作业都不能收齐全，则教学的有效性就无从谈起。因而在向学生说明交作业的重要性时，必须对作业收交有"三定"要求：定时间。交作业的时间必须让每位学生明确，并且这个时间不能常变，一学期一固定。定人。选择负责的课代表按时收交作业，并且对作业

收交情况作记录，记录除包括收交情况外，还应包括对作业数量、难易程度的评价。定地点。作业交到何处应有固定的地点，为避免学生作业本的遗失，收交的作业本应放置在教师的办公地点。教师拿到作业本后，首先应查看课代表对作业收交情况的记录，对缺交的学生要在第一时间了解情况，查明原因。对学生作业数量和难易程度的评价，教师应在讲评作业时向学生说明。

2. 作业的批改

作业批改一般有三种形式：一是教师全批或部分批改；二是学生互批或请部分学生批；三是学生自批。一般而言，第二、第三种作业批改形式只能偶尔为之，对学习基础一般的学生作业，还是采用教师全批的方式为好。教师作业批改要坚持以下四条原则：一是批改要及时。尽可能当日批改，当日反馈。二是批改指向要清晰。批改作业判断要明确，对错要分明，不能模棱两可。三是评语要中肯。每次批改作业教师最好留给学生几句评语，以起到交流沟通和鼓励表扬的作用。四是要评估。作业批改完后，教师要认真做好作业批改后的反思工作，要根据作业的批改情况，分析判断学生对知识的掌握程度，对学生作业中存在的共性问题要记录在案，对个别学生存在的问题要分析原因，对作业不整洁、解题不规范、字迹不端正、作业漏做等现象要及时予以解决。

3. 作业的讲评

作业讲评应及时，最好在教授新课之前完成作业讲评。对作业中存在的共性问题应再设计一些变式题，以小专题的形式使学生加深对知识点的理解，作业讲评不能就题论题。讲评不能面面俱到，所有的作业全讲一遍，要突出重点。讲评时要善于挖掘学生在作业中出现的好方法、好思路，要及时请这些学生展示好方法、好思路，对部分基础较差的同学在作业中出现的一些错误，教师也应以鼓励为主，切忌讽刺挖苦。

4. 作业后的重新设计

作业后的重新设计主要是针对学生在作业中存在的问题、学生尚未掌握的知识和技能，有针对性地设计一些巩固性的作业，从而让学生举一反三，熟练掌握基础知识，形成基本能力。但作业后的重新设计要兼顾以下三条基本原则：一是要控制数量，提高质量。重新设计的作业数量不能超过原有作业的数量。题目要有针对性，不能是在原有水平上的重复，要有一定的质量。二是要兼顾知识要求和学生学习基础。重新设计的题目仍要符合课程标准，不能无限地拔高和挖深。对不同的学生也应有所区别，充分考虑学生的学习基础。三是有利于学生自主学习能力的提高。教师重新设计的一些问题只是为了弥补学生学习上的缺漏，最终要让学生学会针对自己的薄弱环节，进行自主调整和补缺。

二、对作业的处理需注意四个方面

上述四个环节是作业处理的基本环节，对不同的学生、教师、教学内容可能有不同的环节和方法，但对作业的处理一定要有基本的规范，努力使作业的处理更完善、更有效。处理好作业是教学有效性的前提和基础，实例中的王老师不仅所写的批语比学生所写的字数还多，还在于和学生有情感的交流，因而对作业的处理，我们还必须注意以下四个方面：

1. 要充分认识作业处理的重要性

课堂教学的有效性大多是通过学生作业的完成情况来检测的，因而及时发现作业中存在的问题，及时在课堂教学中进行弥补，就成了作业处理的主要目的，而要达到这些目的，把握作业处理的四个环节就显得尤为重要。教师只有充分认识到作业处理的重要性，才能把握教学工作的每个环节，才能使教学有效。

2. 要带着情感处理作业

教育是一份带着情感的事业，作业处理作为教育的组成部分，理应带着情感。有着一份情感，学生就乐意把作业交给教师，希望通过教师对作业的批改来肯定学生的学习，从而让学生体会到做作业的乐趣。因而教师对作业处理时的一个批改符号、一条红笔画线、一句中肯的评语，都要让学生看出教师对学生的认真、用心和善意。如此，就能把学生引导到教师所设定的教学要求上来，从而激发学生学习的积极性。当作业本发下来，学生能迫不及待地翻看教师对自己作业的批改，从而自主地去分析和解决作业中存在的问题。

3. 作业处理要包含学法指导

当学生看到教师对自己作业的批改，看到的不仅是自己解题的对错、教师和学生之间的沟通和交流，还应使学生看到如何改进学习方法，如何学好本门学科的指导。因而对语文作文的批改就不仅在于字、词、句的修改，还应在于文章的主旨、结构、布局等方面的指导；对英语作业的批改也就不仅在于对单词拼写的修改，还应在于语法现象、句子结构等方面的要求；对数学作业的批改同样不在于简单的判断解题对错，还应向学生指明思考问题的突破点、解题的过程和规范等要求。让学生掌握各门学科的学习方法，是作业处理的主要任务。

4. 作业处理要体现个别化

每个学生的作业都体现了学生的个性，都具有唯一性。因而面对着学生的一本本作业，教师就像面对着一位位学生，教师每批改一本作业，就像和一位学生进行对话。因而，教师对每本作业批改的神色、语气、方式都应有所不同。经验丰富的教师能够在学生作业中捕捉到学生的思想和行为，然后对学生进行个别辅导，因材施教。

从静教院附校王老师对学生作文批改的实例中，我们看到了学生作业处理的重要性。事实上，要切实减轻学生过重的学业负担，全面实施素质教育，学生作业起着至关重要的作用。王老师所提倡的作文要少写，是指在教师的精心指导下，不写无用之文，不写重复低水平的作文，其中教师所付出的时间、精力和智慧大大增加。本文把作业的收交、批改、讲评、重新设计称为作业的处理，旨在说明作业处理是一项系统工作，而不仅仅指某一环节。作业处理应注意的四个问题，是从责任、情感、技术和特点等方面，提出了对作业处理的基本要求。希望以学生作业的有效处理，来减轻学生过重的学业负担，从而提高教学的有效性。

人工智能让课堂教学适应新要求

　　课堂教学的改革是教育改革的永恒主题，这不仅因为课堂是学校教育的主阵地，而且随着高考新政的深入推进，对学校的课堂教学也提出了新要求。学校的课堂教学不仅仅是知识传授，而且要让学生明白知识的产生和发展过程；学校的课堂教学不仅仅是学会知识，而且要让学生能够用知识解决实际问题；学校的课堂教学不仅仅是以获得知识和能力为目标，而且要让学生在获得知识和能力的过程中立德树人。这样对课堂教学的高要求，在当下教学课时无法突破的情况下，传统的教学模式和策略已很难满足现实的教学要求，迫切需要学校采用新的思想和新的手段来应对新要求，实现新发展。让人工智能进课堂，能有效应对课堂教学改革的新要求。

一、人工智能进课堂是大势所趋

　　这是一个互联网的时代。从国家层面的高速信息网的布点建设，到区域和各部门的专用信息网络的开发和应用；从国有大企业分工协调布点建设信息网络，到实力超强的私企对互联网的开发和修补，我国的互联网已经渗透到社会的方方面面，基本实现了"有人的地方就有互联网"。这是一个大数据的时代。过去饱受诟病的数据壁垒正在被打破，从一个单位的数据集成，到社会各职能部门的数据链的形成，让单位的决策和运作更加科学和高效，让社会各职能部门之间的交流更加公平和安全，大数据正在影响人们的工作和生活。这是一个移动终端随处可见的时代。当今的移动终端不仅具有存储信息的功能，而且具备自动分类的功能；不仅具有对信息的价值判断功能，而且具有自我保护功能，让使用者能够放心地使用自己的信息，放心地使用自己所需的共享信息。

教育部《教育信息化2.0行动计划》要求教育"以人工智能、大数据、物联网等新兴技术为基础，开展智慧教育创新研究和示范，推动教育的模式变革和生态重构"。《上海市中小学教师专业（专项）能力提升计划》要求"提升教师应用信息技术优化课堂教学的能力，应用信息技术转变学生学习方式的能力，利用信息技术支持学生开展自主、合作、探究等学习活动的能力"。以互联网、大数据和移动终端为主要特征的人工智能，为学校的课堂教学改革提供了新思路和新方法。

二、必须建设好适合的人工智能课堂系统

构建适合学校需求的人工智能课堂系统是学校教育信息化建设的重要组成部分，也是补上学校教育信息化短板的必然要求。我校与科大讯飞合作，构建了学校的人工智能课堂系统，该系统由三个板块组成。

1. 人工智能课堂云服务系统

主要包括学习主题系统，该学习主题系统内含学校9门基础性课程的专题性内容，学生依靠此系统能够自主学习和自我评估；同时包括师生个人空间系统，该个人空间系统可以让教师学习和备课，也可以让学生学习和实践。

2. 人工智能课堂教室终端

该终端具有计算和判断功能，能够对一些是非题、选择题和部分填空题快速作出评判；还具有存储和再现功能，能够对师生在教学过程中产生的一些有价值的内容进行存储，并且在需要的时候进行提取；同时具有网络和传输的功能，能够实现多种形式的信息交流，能够快速检索信息并快速建立联系。

3. 人工智能移动端工具

主要包括教师机，教师机既是教师学习和备课的工具，也是教师和学生交流的工具；还包括学生机，学生机既是学生学习和练习的工具，也是联系学生和教师的纽带。

为了使人工智能真正推动学校课堂教学的变革，适应教育改革的新要求，我校在建设人工智能课堂系统时，坚持了三条原则。

1. 可接受原则

学校通过组织教师赴兄弟学校进行学习和考察，让教师有一种不学习、不改变就要被淘汰的紧迫感；通过组织教师培训和实践，让教师有一种学习信息技术、改变课堂生态的责任感；通过组织教师相互交流和展示，让教师有一种使用新技术、实践新理念的获得感。

2. 减负增效原则

体现课堂教学新要求，必须要解放教师。人工智能课堂系统具有对客观题的自动批改功能，让教师从繁重的批改作业中解放出来，腾出时间研究教材和教学；适应课堂教学新要求，必须要改变课堂。人工智能课堂系统能够及时记录学生的预习状况，学生通过预习，课前自主学会基础知识，课堂中师生有充裕的时间重点探究体现学科思维的问题，这有助于提高学生的学科核心素养。

3. 促进教师专业发展原则

新技术促使教师研究新的教学方式，探索新的师生互动方式，优化新的知识呈现与传播方式。在研究和探索中，教师的专业不断得到发展，教师专业有了发展，教师使用新技术就有了持续的动力。

三、以人工智能全面推动课堂教学的变革

为了使人工智能充分显现作用，必须让人工智能应用在课堂教学的各个环节。我们从以下五个方面全面推动课堂教学的变革，努力让课堂教学适应改革新要求。

1. 落实预习，以学定教

以学定教是一种教学策略，教师希望学生通过预习，学会自己学得会的知识，课堂中师生把主要精力用在突破难点上，从而提高课堂教学效果。事实上，过去由于缺乏干预学生预习的手段，学生的预习无法真正落实，导致以学定教成为一种美好的愿望，即使已有教师进行实践，但对学生学的判断大体上是基于教师的主观经验。有了人工智能课堂系统，教师通过系统发布预习要求，同时在适当的时间发布预习之后的前测练习，通过系统反馈给教师的学生完成前测练习的用时和得分，教师就能够准确掌握学生学的情况，从而让以学定教真正成为可能。

2. 精准备课，突破难点

由于教师对学生学的状况有了全面和准确的了解，教师在备课时就能做到有的放矢。比如，学生在学习细胞膜这一节内容前，教师利用人工智能课堂系统向学生发布前测练习，内容包括细胞膜的组成、各成分的主要作用、物质的运输、信息交流等8个练习题。根据系统反馈的情况，教师发现得分率最低的是学生对涉及被动运输中的协助扩散和主动运输这部分内容的练习，于是教师在备课时，把重点放在物质通过细胞膜的方式运输这部分内容上，通过强化协助扩散和主动运输所需的条件、作用和原理的教学，学生就能准确理解这两者的区别，从而比较快地突破了难点。

3. 课堂探究，注重思维

课堂教学要注重学科思维，培养学生学科核心素养，这是学科教学改革的新要求。人工智能课堂系统，教师在课堂教学中就可以把主要精力放在培养学生学科思维能力方面。比如，学生在学习地球的运动这一专题时，教师就可以通过人工智能课堂系统的课堂提问、投票、讨论、抢答、评判、鼓励、小组PK、推送材料及数据统计等功能，就地球的运动和学生进行探究。由于教师在备课时已知晓学生在学习和理解上的难点，因而在课堂探究时，教师就把教学重点设定在季节的形成上。由于地球的自转及地球以一定的倾斜角围绕太阳公转，导致太阳直射点的南北移动，进而引起正午太阳高度和昼夜的变化，产生了季节的更替。季节的更替这部分内容具有很强的地理学科思维要求，师生在共同探究中，突破了难点，注重了思维，培养了能力。

4. 作业处理，及时高效

传统的作业处理方式费时费力，效率较低。人工智能课堂系统有作业工具这一模块，教师可利用这一模块的相关功能进行作业处理。其中，作业的推送功能，让教师的作业布置不再受时空限制，教师可以在适合的时间推送作业，而且能够做到给不同的学生布置不同的作业，真正实现了分层作业；还有作业的自动评判功能，让教师对作业批改不再亲力亲为，客观题系统能够自动批阅，教师只要关注系统反馈的整个班级的平均分和平均用时，就能掌握班级整体学习状况，教师也可以通过系统反馈的某一学生的作业完成情况，从而了解该学生对某个知识点的掌握程度；还有作业的微课讲评功能，让教师对作业不再局限于课堂上的整班性讲评，教师只要针对某些学生，对某个知识点或某一题目采取推送微课的方式，对学生进行个别讲评。由于这样的讲评具有针对性，学生能够及时纠正学习上的偏差，提高了教师作业讲评的效率。同时这样的微课师生可以予以保存，在需要的时候可以调取出来再学习。

5. 辅导学生，拓展时空

辅导学生是学校课堂教学的必要补充，这不仅因为课堂教学不可能满足所有学生的需求，不同的学生有不同的辅导需求，而且教师对学生的辅导不仅仅局限在学习上，还有其他更多的方面。人工智能课堂系统具有极强的辅导功能，师生可以通过文字、语音、拍照、视频等多种形式进行沟通和交流。例如，学生存在心理问题，教师可以在线跟踪学生，通过互动，给学生知识、技术和力量，帮助学生解除心理困惑，解决心理问题；如学生在研究某一课题时面临困难，教师可以给学生提供各种意见和建议，帮助学生解决技术或知识方面存在的问题；如学生在组织策划某一活动时遇到问题，教师可以及时在线给学生出谋划策，帮助学生成功完成活动。

人工智能进课堂是教育信息化的必然要求，也是教育现代化的重要标志，只有学校课堂现代化了，教育才能实现现代化。而当下的教育改革，从学生核心素养到学科核心素养，从高考新政到教材改革，从立德树人到德智体美劳全面发展，这些改革举措的推进和落地，主渠道还是在课堂，因而赋能课堂是推进教育改革的重要任务。以人工智能来推动课堂教学的变革，让新时代的学校课堂教学适应教育改革的新要求，我们不能等待，必须迎难而上，积极探索！

《易经》的哲学思想与课堂教学

　　《易经》是我国第一部集人类自然科学和社会科学的经典之作，是中华民族传统文化的重要来源。《易经》的哲学思想强调与时偕行的变易思想、编码的序结构思想及实时定位思想，这种思想是中华民族绵延不绝、生生不息的根本原因。中学课堂教学中如果能够有《易经》的变易思想、序结构思想及实时定位思想，则对提高课堂教学的有效性大有益处。

　　《易经》的与时偕行的变易思想强调变易。"通变致久""唯变所适"表明世间万物都是变化发展的，天地万物只有不违天逆常，顺时迁变才能生生不息，万代相传。课堂教学的天道是人的认知规律，从无到有，从少到多，由易至难，由浅入深。因而课堂教学我们要按照课程标准循序渐进，课堂教学最终效果为什么会千差万别，原因就在于课堂教学的实际情境具有即时性和不可预见性，课堂教学要达到高效，教师必须要善于把握课堂教学的各种情境，依据学生的接受程度，及时调整自己的教学进度和安排，课堂教学教师绝不能以不变应万变，必须要有变易思想。

　　《易经》的序结构思想表明世间万物都有内在的逻辑。要做到天人合一，天地之中的人必须善于剖析天地万物内在的结构。对课堂教学而言，我们强调课堂中传授给学生的知识是有序的，能体现结构化的；我们强调课堂教学的组织是有序的，教学所选用的方法也是有序的，学生的学习也是有序的，我们平时所说的要让学生养成良好的学习习惯，就是要让学生的学习有序。由《易经》的序结构思想构建的对现象和本质相整合的优雅认知模型，如果应用到课堂的例题教学中，就可以从读题入手，寻找题目中的关键点，最终找到题目源头，建立模型，得出结论。因而课堂教学的有效性，必须要有序结构思想。

　　《易经》的实时定位思想体现了《易经》的两个指导人们行为的概念，即

"中"与"时"。"中"就是人们对万事万物的实践与行动,既不能不及,也不能太过。课堂教学同样如此,教师的语言表达不能偏激,也不能无教育性;教师的知识传授既不能太简单,也不能太专深;学生的学习既不能太紧张,也不能太轻松,要有适当的紧张度。"时"就是要把握好时机,明白识时之义,知时之行,用时之机,待时而动,观时之变,时行时止。课堂教学同样如此,要观察学生课堂教学中的表现,在学生不愤不启时,抓住教学机会,适时进行教学,同时在教学过程中要看到时机的变化,对教学及时作出调整,做到在适当的时机开始,在适当的时机停止,时刻保持学生的求知欲。

易道广大,包罗天下,《易经》的确是"大道之源"。《易经》看似与课堂教学无直接关联,但《易经》的哲学思想完全可以用来指导课堂教学,深刻领会《易经》的哲学思想对提高课堂教学的有效性,切实减轻学生过重的学习负担,全面实施素质教学必有持久的推动作用。

课堂教学的有效管理和实施

一、为什么要对课堂教学进行有效管理？

当我们提出对课堂教学进行有效管理时，很多教师一开始是不理解的，有时甚至是排斥的，理由有四：其一，教师课堂教学是个体的行为，每个人都有自己的教学个性，管是管不了的；其二，我有丰富的教学经验，并且这种教学经验在过去的教学活动中已经取得了比较好的成绩，提教学管理似乎没有必要；其三，教学有教材，有教学参考资料，平时的教学我只要按照课程标准，认真执行就是了，备课组活动、教科组活动都是形式，因而提教学管理似乎多余；其四，搞教学管理那是校长、主任的事，我只管认真教书，况且校长、主任上课的效果还没我好，课堂教学管理是添乱。

上述四种想法，是我校现阶段教学管理效率不高的主要原因，也是我们与高水平高中有差距的原因。在我看来，我们强化教学管理的原因有以下四点：一是我校的这支师资队伍还处于成长期，我们太需要积累，现在我们无论是在专业能力还是在教学方法等方面都还有待提高的方面，到目前为止，我们还没有区内德高望重的学科权威教师。二是学校的发展需要团体的力量。因为学生的发展是综合的、全面的和整体的。德、智、体全面发展，语数外"加一"学科全面发展，靠几个人单打独斗，我们的教育很难有综合的成果显现。三是我们自身的发展需要集体的智慧。二期课改，尤其是在考试能力要求不断提高的情况下，一个人已很难应付现在的三大考试，即高校自主招生考试、普通高校招生考试和学科学业水平考试。我们需要集体的智慧，让我们的教学更有效。四是目前我校还面临两个不稳定的现象：一是学生生源不稳定；二是教学质量不稳定。因而学校不允许再出现三薄弱现象：薄弱学生、薄弱班级、薄弱学科，其中任何一个薄弱的出现，都有可能使学校的发展受阻。在这种情况下，我们只能靠集体的智慧，扬长避短，取长补短，前后方共同努力，才能实现学校的可持续发展。

二、如何对课堂教学进行有效管理？

要回答此问题，必须要明确课堂教学有效管理的主体是谁。在我看来，课堂教学有效管理的主体，不仅包括校长、主任、教研组长、备课组长，而且包括学校中的每一位教师、每一位教辅后勤人员，也就是说，有效管理的主体是学校中的每一位教工。

校长的课堂教学管理应测重于以下四个方面：一是目标的设定，即经过一段时间的努力形成比较理想的课堂教学模式；二是制度的制定，即努力使学校形成一套课堂教学的规章制度；三是支持中层行政，尊重一线教师，努力调整各方利益，让不同特点的教师发挥所长，形成最大合力；四是努力捕捉教师课堂教学中的闪光点，寻找课堂教学中的不足，移峰填谷，共同进步。

主任的课堂教学管理应侧重于以下三个方面：一是使学校的课堂教学管理制度常态化、全员化，使备课、上课、作业、辅导、自我提升成为教师日常工作的常态，每位教师都十分明了每个阶段应做好什么事，一件事要做好应有什么程序，达到何种标准。二是多层面组织各级各类展示和竞赛活动，努力为师生发展搭建平台。就教师而言，教学比武、经验交流、基本功展示、对外交流都是有效的活动；就学生而言，学科竞赛、体育比赛、音乐美术表演、特长展示等能活跃校园生活，培养学生能力。三是课堂教学的评价，了解不同教师的教学特性，知其特长并让特长更长，教学评价的出发点是教师，归宿点也在教师，努力使教师各得其所，各展其长。

教研组长的课堂教学管理应侧重于以下两个方面：一是具有学科建设的整体规划，即经过几年的奋斗，努力使本学科在区内外达到什么水准，学科教研组长的任期一般是终身的，这种不成文的规矩就是要让学科建设十年磨一剑，因而资料积累、组织活动、开展学习研究、个别谈心、关怀每一位教师就成了教研组长的重要工作，我们要让每位学科教师更强，让我的学科更强；二是为课堂教学排忧解难，以教研活动的形式攻克教材重点、教学重点、教法重点、试题难点、教学方向把握等与课堂教学直接相关的问题；以学法指导的形式为学生设计一条最佳的学习途径，努力使学生乐学、善学、主动学、有效学。

备课组长的课堂教学管理重在统筹，统筹三年教学安排，统筹教学进度、作业、练习、试题、针对性资料，统筹备课组成员工作的一致性、差异性和突破性，让备课组形成"和谐、关爱、进取、高效"的工作氛围。一个备课组就是一个"战斗堡垒"，就是一个强有力的战斗小分队。

教师的课堂教学管理重在"三把握"，把握课前，关键是备课管理。我们强调备课前必须厘清三个问题：一是本节课的重点、难点、学生可能的不懂点及知识的加深点和拓展点，也就是要厘清知识本身；二是本节课的内容和高考有何关联，最近几年高考题中哪些和本节课的内容有相关性，所选择的例题、练习题、作业如何无缝隙地与自主招生考试、学业水平考试、高考对接，也就是要厘清所授知识的价值；三是本节课的实施过程如何，如何引入，进入新授部分，各个条块如何过渡，师生互动如何安排，学生训练时间如何保证，也就是要厘清知识的传授过程和方法。备课管理的主体是教师，因为在当前电子备课时代，应付检查的纸质的备课本已不可能作统一要求。把握课中，关键是课堂管理。课堂管理我们强调四个方面：一是课堂的教学组织要完整、有序，要处理好形式与内容、民主与权威、知识与方法的关系；二是课堂的教师语言要精练、精神和精致，无论是教师课堂教学用语，还是教师的黑板板书；三是知识的产生、发展和应用要有条有理，要有逻辑关系，要有因果关系，努力保证课堂的条理性和节奏性，因为这有利于学生对所学知识的记忆和掌握；四是课堂教学中要关注学困生，让学困生时时感受到教师的关心、关注和关怀，教师的课堂管理就长期而言也只能靠自己，当然可以请他人通过听课的形式来进行诊断和评价。把握课后，关键是做好课后延续工作。其中，作业的处理要快，我们还是要提倡一本作业本，当天完成作业批改；个别辅导要及时，作业中、考试中、学生听课中存在的问题教师要及时与学生交流；教师课后反思要成为习惯，现在学校推出的"二本""二表"就是课后管理的一部分要求，教学效果好的教师往往是靠对课后管理的自觉和及时。

三、课堂教学有效管理的最终目标是什么？

课堂教学有效管理的最终目标是实现"人人都强，藏富于民，管而无痕"。随着我校生源状况的持续改善，我们面对的学生、家长对学校的期盼越来越高，考进市重点，当然希望碰到的教师也是市重点水平的教师，三年之后能让学生进入高一级的学校。在这样一种形势下，迫切要求我们站在讲台上的教师都是优秀的，在学生和家长面前都有绝对的权威，让学生和家长对我们深信不疑，因而我们的课堂教学管理一定要使我们每一个人都强，课上得精彩，知识点把握准确，题目解得快捷，应付各级各类考试有自己的一套方法，人人都可以当备课组长。

人人都强是全方位的，我们要有"四个要"：要有一套方法，并且这套方法既具有理论性，又具有实践性；既可以是写在纸上的论文，也可以是对外展示的研究成果。这套方法在每一位教师的日常教学之中，藏在每位教师中；要有一套资料，这套资料是教师自己积累下来的，并且是常用常新的，藏在教师之中的就是自己复习教学的备课笔记，藏在学校之中的就可以称为校本教材；要有自己的试题库，并且这套试题库既有以不变应万变的基础训练题，又有紧跟课改形势的能力题，这套题可以在纸上，也可以在电脑中。因为有这套试题，教师的试题感很强，大致能判断哪些题是必考的，哪些题是要关注的，教师的题感强，教学就有针对性，这套试题也应藏于每位教师之中；要有很强的工作标准意识，教师所有的教学活动都有自己的套路，并且每种套路都有育人的道理，外人一看专业性很强，与一般的中学不一样，有重点中学的味道。只有藏富于民，学校的发展才是持续的，每位教师才有幸福的满足感和成功感。

人人都强了，都能独当一面了，此时的教学管理不管也罢，因为无为可胜有为。由于我们所做的工作是一项整体性很强的工作，要出很好的成效，有时还得要管，但这种管是高境界的，不在于一时一事，更是一种谋略、是一种少许提醒的自觉、是一种管而无痕的工作，因为管理的最终主体是我们自己。现在我们很怀念学校20世纪90年代初的情景，那时好像也没有什么备课组活动、教研组活动，没有那么多统一考试，但教学质量照样很高，原因就在于"人人都强，藏富于民，管而无痕"。

关于课堂教学的有效实施我想强化我们已有的一些提法。

课堂教学具有很强的个体性，在良好的课堂教学管理的基础上，我们倡导课堂教学百花齐放，各显神通，在多姿多彩的课堂教学中体现我校的教学特色，隐含着我们的课堂教学基本模式，达到万变不离其宗的效果。就课堂教学的实施而言，这个宗就是"二还""三有""四个一点"。

"二还"，即把课堂还给学生，让课堂充满生命活动；把班级还给学生，让班级充满成长气息。课堂的生命活力在我看来体现在以下三个方面：一是学生的精神状态，渴望学习、充满激情、健康向上，学生的学习似百舸争流，饿鱼觅食。二是学生的学习动力持久而坚韧，有良好的学习习惯，优秀的学习品质，今日事今日毕，不解决难题决不罢休的学习劲头。三是师生的全部精力都在探索教育上，师生关系和谐，课堂气氛融洽。班级充满成长气息体现在以下两个方面：一是物的方面，班级环境布置典雅，能体现教育性、激励性和成长性；二是信心方面，所有的学生对自己充满信心，如饥似渴地吸收着成长的养分，时时处于激励状态，时时有收获，天天在成长。

"三有"，即课堂教学体现有序、有趣与有效。我们所说的有序包括以下四个方面：一是课堂传授给学生的知识是有序的，能体现结构化的；二是课堂教学的组织是有序的，能体现条理性，尤其是课堂各板块的进展是流畅的；三是课堂教学的方法选用是有序的，能恰到好处地让学生听、读、看、写、记、说、做、议、练，能充分利用各种教学方法，让课堂"活"；四是课堂教学要时时强化程序意识，知识呈现要条目清晰，分析问题要条分缕析，同时要让学生有序地意识，并且要养成习惯。我们所说的有趣包括以下三个方面：一是指教师课堂中的智慧展示，要使教师师味浓浓，学富五车，不经意地泄露，让学生佩服得五体投地；二是课上得有趣，使学生喜欢听我们上课，并且要有听了欲罢不能，不听渴望难忍的感觉；三是要有一点冷幽默，要做到有一点冷幽默，我们要做到肚中有趣事，口中有趣话，说出来有趣味，使学生觉得愉快，有意思，有吸引力，趣味无穷。有效的课堂教学既是我们的目标，又是我们的追求。有效是个相对的概念，有效无止境，是我们教师一生的追求。

"四个一点"提出已几年了，现在仍有疑问。节奏快，学生跟不上怎么办？过快欲速则不达，我们要求讲精、讲细、讲透、讲完整和节奏快一点有没有矛盾，其中的分寸如何把握？马志龙老师领衔的"卓越沙龙"为课堂教学节奏快一点讨论了一个学期，并且专门请了进修学院的专家来讨论这个问题，最终达成三点共识：一是课堂教学的实施是要有节奏的；二是课堂教学节奏的快慢、强弱是要看教学实际实施情况的，要以学定节奏；三是就一般而言，重点高中的课堂教学节奏应该适当快一点，毕竟课堂的40分钟是宝贵的，因为时间如生命。容量大，争论更多，因为多次听进修学院的教研员反馈，我们的课堂教学容量太大，想一步登天，想一口吃成胖子。华师大的顾问们也善意地提醒，课堂容量太大了，没有了学生思考的余地，没有了学生练习的时间，教学要慢慢来，不着急，打好基础，到高三学生自然会掌握的。教研员的话，师大顾问们的提醒，我们要听。现在我们能否尝试着既能满足教研员的要求，又能采纳顾问们的建议，从而让我们的课堂容量适当大一点。育人追求的是润物细无声，教学追求的是数量的积累和质量的提升，有时需要急风暴雨，要有一点《亮剑》中李云龙的秉性。专题性强，大家已有共识，现在的问题是每节课都有专题好办，但是像试题讲评如何体现专题性？这里有两条原则：一是建模，即对所有的知识点、题目尽可能寻找原型，建立模型；二是成序，要让学生好记、好用、好模仿，尽可能用三句以内的话讲清楚，记住。关注学生多，现在我们大多认可，但现在我们真的做不到，因为这么多学生一个个关注到有难度，教学进度要保证关注学生到位也有问题，于是关注学生多一点就成了最容易理解但总也做不好的一件事，现在我们能否把关注学生多一点的学生界定为课堂中的学困生、注意力不集中的学生、面部表情茫然迷惑的学生，这部分学生关注好了，就能把二期课改"以人为本"的理念落到实处。

教育事业伟大而神圣，学校的教育工作核心部位可能就是课堂教学的管理和实施，在当今社会，质量就是实力，实力决定学校的地位。没有优质的教育，学校就可能被边缘化，边缘化的结果是人心涣散，学生、家长、领导对学校就会避而远之。因而现在我们要未雨绸缪，抓紧时间，及早做好准备，我想只要我们把课堂教学管理好，实施好，把每节课都上得精彩有效，则面对再好的生源，我们也会从容不迫，为优秀学生提供优质教育。

基于提高备课组活动质量的校本研修

校本研修是随着二期课改的推进而逐渐被证明的一种行之有效的研修模式，这种研修模式解决了以往将校本教研与校本培训分离的问题。事实上，校本培训从20世纪70年代，西方一些国家的教师教育院校开始重视中小学教育教学实际，到20世纪90年代，我国对教师校本培训进行有计划的试点和理论研究，只不过30多年的时间，其间试图解决的是教师培训从理论到理论的弊端，培训更加注重对学校内出现的一些教育教学现象的研究和剖析。校本教研在我国已有50多年的历史，其中比较注重的是学校教研制度的建议，强调的是同伴互助，围绕的是教材分析，具有十分明显的以知识为本的教研价值趋向。二期课改的全面推进，迫切需要一线教师不仅要完善自己的知识结构，而且在教学中必须坚持以学生发展为本，切实转变教师教的方式和学生学的方式。为解决理念与操作脱节的问题，迫切需要对广大教师进行全面培训。为此，2002年教育部基础教育司启动了"以校为本研训制度建设"的项目，上海市教科院顾泠沅教授把它归纳为"基于学校，缘于实际，专家引领，同伴互助，研修一体"。因而校本研修就成了新课程背景下促进教师专业发展的一个有效抓手。

一、校本研修实施过程中存在的四个方面的问题

由于教师专业发展是一个复杂的过程，再加上二期课改在推进过程中遇到的种种问题，当前在校本研修实施过程中也存在一些问题，突出地表现在以下四个方面：

1. 校本研修的重点不很突出

由于研修的内容实在太多，有人认为研修应涉及教研组研修、年级组研修、学校管理研修、区域教学研修四大类研修，因而现在的校本研修几乎包罗

了学校教育的一切。重点不突出，势必造成效果不明显。因而，校本研修应重在教师的专业发展，突出教师的专业知识、专业才能、专业情意这三个方面的研修。

2. 校本研修的形式过于宽泛

现在的校本研修几乎涵盖了学校的一切教育活动，把教工大会、外出旅游、上级行政来校检查工作、教师上课所写的教案等全部作为校本研修的形式。由于形式的多样化，导致研修实质的异化。

3. 校本研修行政指导过细

由于校本研修主要以解决学校在教育教学中存在的一些问题为目标，在解决问题的过程中促进教师专业发展。如果上级行政指导过细，一方面使教师忙于应付，另一方面使研修的内容不能很好地贴近每所学校的实际，导致教师忙忙碌碌，但实效性不强。

4. 在校本研修中教师的内驱力仍然不足

由于教师的工作在形式上仍具有个体性，而在日常的教学中又需要教师投入相当的体力和智力，因而绝大部分教师只能应付日常的教学工作，对具有长远影响力的校本研修反而力不从心。

二、校本研修需满足四个基本特点的教研和培训工作

为使校本研修真正起到促进教师专业发展的目的，必须让校本研修回归到校本教研和校本培训相结合的初始界定上。在我看来，满足以下四个基本特点的教研和培训工作才可能是校本研修。

1. 校本研修必须具有相当的计划性

由于校本研修关乎学校的教育教学日常工作，直接关系到学校教育教学的质量，因而每学期初学校必须与区教师进修学院取得联系，就本学期校本研修的内容、形式、评估、学分认定等各个方面进行深入探讨，明确在校本研修过程中学校的工作。最后要落实到人，使每位教师明确在一学期中校本研修的主要任务。

2. 校本研修必须强调团队性

以同学科、同年级、同资历的教师组成研修团队，有利于提高校本研修的实效性。同学科的教师在研修时有共同的学科专业背景，能够对一个专业知

识点的教学进行深入研究；同年级的教师能对同一层次的教学对象进行比较研究，寻找共同的学习规律，在共同交流年级组工作中优化本年级组和备课组的工作；同资历的教师会有共同亟待解决的教学问题，以专题的形式给新教师以教学基本功，给经验型教师以教学新思路，给专家型教师以教学新课题。

3. 校本研修必须强调过程性

校本研修必须渗透在学校教学管理工作的方方面面，它具有随机性和程序性的特点。由于校本研修要解决学校在教育教学中存在的问题，因而对教育教学中存在的问题必须随时研究，随时解决，从而让校园弥漫着校本研修的氛围。校本研修的程序性就是要让校本研修在时间、地点、形式、内容、主讲人等方面有保证，而不使校本研修太随意。

4. 校本研修必须有评价和考核

评价校本研修是否有成效，必须要关注以下四个方面：一是关注是否有团队性的集体研修活动；二是关注在实践中是否有改进的行动；三是关注所有的研修活动是否有一个明确的主题贯彻始终；四是关注在教学中是否提高了课堂教学效率，是否切实减轻了学生的学习负担。评价之后必须对研修进行学分认定。一般而言，既关注过程，又关注结果的考核才是有意义的考核。

三、提高备课组活动质量需坚持三条基本原则

由校本研修过程中存在的问题、基本特点，告诫我们，校本研修要持之以恒，我们必须十分关注备课组活动，因为备课组活动的形式和内容，以及它所具备的基本要素和校本研修基本相符。因而校本研修有效性的突破口，应在提高备课组活动的质量上。为有效提高备课组活动质量，我们必须坚持以下三条基本原则：

1. 全员性原则

由于备课组内的教师具有共同的教育教学任务，面临着共同的教育教学问题，因而全组的教师必须共同参与备课组活动。这一方面能充分发挥组内教师的教学所长，让经验不很丰富的教师在短时间内积累教学经验；另一方面能使本年级组的所有学生享受优质教育资源，而不使平行班级之间的教学差距太大。因而备课组活动必须使所有教师都积极主动参与，而不能使任何一位教师游离于备课组活动之外。

2. 全程性原则

备课组活动不仅要有一学期、一学年的工作计划，而且要有一个循环学段的工作目标，即经过全组教师的共同努力，到本届学生毕业，本学科的教学必须达到的目标，师生都必须心中明确，最后落实在日常的教学工作中。

3. 全面负责原则

备课组工作的有效性，要以教学质量的稳步提高为标准。而教学质量的稳步提高又是一个综合性的问题，其中，既有学生的学习基础、学习习惯、学习态度、学习背景，又有学生对教师的认同度、信任度，同时又有班主任的管理风格、学生家长的教育程度等。因而在备课组活动中不能仅仅研修知识点的教学，更要研修班级、学生、家长等与学生成长有关联的所有问题，并且要对这些非学科性的问题优先关注和解决，如此，对学科知识的教学才更有成效。

四、备课组活动的十一种形式

当人们关注校本研修的有效性时，就必须研究备课组活动的实效性。一般而言，如果备课组活动是扎实而富有成效的，则校本研修也必然是有效的。为此，我们必须对备课组活动赋予基本的活动形式。以下所列的备课组活动的十一种形式，能保证备课组活动的实效性。

1. 工作布置

一个学期、一个学年、一个学段的备课组工作要使组内的所有教师都明确，不仅明确组内的工作，而且要明确每位成员在这个阶段的任务，做到分工明确，各司其职。新学期的第一次备课组活动必须要把本学期组内的基本工作全部分解，落实到人，要让备课组内的教师早知道，早准备。日常的备课组活动应花十分钟左右进行工作布置。

2. 工作总结

工作总结与工作布置是相匹配的工作，平时备课组活动的最后十分钟必须对工作进行总结，这种总结应以指出问题和不足为主。学期末的工作总结应分为三部分：第一部分是一学期工作的罗列，备课组内开展的所有活动都应有所记录，以实录的形式记录一学期备课组的工作；第二部分是一学期工作的主要得失，得的方面就是下学期还将要做的方面，失的方面就是下学期不能做或一定要改进的方面；第三部分是一学期备课组活动所留下来的各类资料汇编，包括备课组活动记录、组内教师所写的论文、开展课题研究积累下的资料、公开课的教案、单元测试卷等。

3. 章节研讨

章节研讨是备课组活动的基本内容，主要包括章节的知识体系、教学体系的分析；章节重点、难点、关键点的把握；章节知识点的疏理，例题习题的选配；对个别知识点在教学时广度与深度的把握，等等。为充分调动组内教师的积极性，章节研讨应以分工为主，切忌备课组长包干。

4. 教学交流

一段时间的教学，每位教师必有教学心得，每位教师花五分钟进行教学交流，有利于推广好的教法，有利于改进教学。教学交流应以鼓励肯定为主，备课组长要善于启发，善于归纳总结。

5. 测试分析

每次统测之后，备课组一定要组织教师进行分析，从教的角度寻找不足。对失分多、学生未掌握的题型，要通过备课组活动开展专题性的补缺教学。

6. 学生学习研究

从学生的预习情况、作业收交情况、听课情况、作业完成质量等方面进行分析研究，努力改进学生的学习方式，使班内形成浓厚的学习氛围。

7. "四课"活动的开展

说课活动的组织能起到理清教学思路的作用；开课活动的组织能起到实践提高的作用；听课活动的组织能起到反思改进的作用；评课活动的组织能起到交流、沟通、启迪教学智慧的作用。每一学期，备课组应组织"四课"活动。

8. 问题诊断

一段时间的教学，总有一些班级的教学效果较好，而另一些班级的教学效果不明显，个别班级甚至有家长的反映和学生的抱怨。备课组应及时进行问题诊断，寻找问题的症结，提出解决的办法。

9. 对外交流

每个备课组应选择两所学校同年级的备课组作为交流的对象，一所学校是自己赶超的目标，一所学校是自己的追兵。因为经验和教训总是同生共长的，教学中只有不断地向前看、向后看，才能知己知彼，才能找出自己的不足。

10. 专家指导

备课组活动要上层次，还需要学科专家的指导。区教师进修学院的学科教研员是区内一支重要的学科专家队伍，积极取得教研员的支持和指导，不仅能提高教学质量，而且有利于提高教师的专业水平。当然，如有条件还要积极争取市内高端专家的指导。

11. 课题研究

中小学的课题研究应以备课组为单位，以教学时存在的问题为课题的研究内容和方向。课题研究应以一个学段为研究周期，从起始年级开始进行选题，到学生毕业进行结题。当然，备课组搞课题研究，学校的科研室和区教师进修学院的科研室要不断地给予指导，让备课组的课题真正贴近教育教学的实际。

基于提高备课组活动质量的校本研修，要求区教师进修学院的师干训部门和学校的教学管理部门必须聚焦备课组活动的内容和形式。校本研修只有把主阵地和主渠道下移到备课组活动，校本研修才有实效，才有持久的生命力。

课堂管理的智慧和方法

读由美国人Renee Rosenblum-Lowden，Felicia Lowden Kimmel著，罗兴娟译的《让教师都爱上教学：307个好用的课堂管理策略》很有感慨。一位美国教师，面对不同学段、不同类型的学生，从新生入学、中期管理、假期教育等全方位探索了课堂管理的策略。现选取其中十条管理策略作简要评析。

一、穿着打扮要成熟

如果你打扮得像一位专业人士，这会给你的课堂教学开个好头，因为这样的打扮传递着这样一种信息，即"我是老师，而你们是学生"。此策略有三个方面的意义：教师是专业人士，因而由内到外都要具有专业的气息；教师隐喻着知识和智慧，教师的权威树立从外形开始；教师肩负着育人的重任，充满自信的教师形象能够激发学生学习的热情。

二、留心观察其他教师

通常情况下，你会发现几乎所有的学生都喜欢上某个特定教师的课，你观察他的教学方式或许能帮助你定位自己的教学方式。此策略有两个方面的作用：教师要形成自己的教学风格并能被学生所喜欢。每位教师都是不一样的，但受学生喜欢的教师可能都是相似的；优秀教师的经验是长期教学实践的结果，不断地揣摩好的策略和方法能使教师少走弯路，尽快成长。

三、让学生自己制定一些班规

我问学生可以制定哪些班规以使教室感觉安全、舒适，然后我们一起头脑风暴并制定了一系列的规则。这样做，就很难让他们抱怨这些规则不公平了。

此策略有三个方面的作用：班级和课堂教学管理是有规则的，共同遵守规则是有效教学的前提；规则不能是强加的，需要民主的程序，自己制定规则并执行是学生自我管理的重要形式；制定规则是一种承诺，执行规则是一种责任，教育的一项重要使命便是使学生具有责任感。

四、养成良好习惯

学生需要养成良好的习惯，这样当知道教师期望他们做什么的时候，他们就能出色地完成。此策略有两个方面的好处：对教师而言，使学生养成良好的习惯能使教师节约很多时间，可以把更多的时间用于富有创造性的教学上，而不是浪费在不必要的解释工作上；对学生而言，养成良好的习惯能使学生提高学习效率，有更多的时间来培养自己的兴趣，开阔自己的视野，提升自己的能力。

五、大量的小测验

一个学期大约15次测验，在学期结束的时候我会告诉学生我将取12个最高的分数加以平均，如果有些学生3次都没有参加测验，那么他们的低分就不能排除在外了。此策略有三个方面的好处：及时暴露学生的学习缺陷，能让师生共同实施教学补救，具有及时评价的功能；能充分调动学生的学习积极性，给学生以修正的机会，提高学习的成功感；能够体现教学的公平性，不把所有的评价都维系在一次考试上，鼓励学生认真参加每一次小测验。

六、家庭作业的重要性

家庭作业代表了教师这一方，你必须确保家庭作业不是徒劳无功的任务，也要确保家庭作业不会太难，以免家长成为完成家庭作业的主角。同样重要的还有教师对待学生交上来的家庭作业的方式：是否批改了家庭作业？是否打分了？有没有进行讨论？有没有在随后的课程中加以利用？此策略的用意十分明确，那就是家庭作业要具有高解释性，能对学生的学习起到检测、反馈、纠正和修补的作用。

七、课堂意见箱

课堂意见箱无论对教师还是学生来说都是一个很好的、可以利用的资源，这样既能帮助你了解学生的需求，也能帮助学生表达他们的需求。此策略有三个方面的意义：是教师自信的体现。教师的工作就是满足学生合理的需求，纠正学生不合理的需求；是教师民主的体现。及时了解和解决师生教学矛盾，避免不必要的教学纠纷；是温馨班级建设的组成部分。通畅的师生交流和沟通是建立和谐师生关系的前提，是温馨的班级硬环境所不能替代的。

八、及时更新教学技能

即使你教的课程和几年前一模一样，也应该努力尝试开发出新的课型来，这样的努力不但能激励你，而且最终有可能激发学生高涨的学习积极性。有些工作不能让自己太安逸，教学工作就是其中之一。事物总是不断发展变化的，新的、令人激动的事物总会代替旧的事物，优秀的教师总是能及时地掌握最新的思想和方法，而在整个过程中，最重要的部分是教师在多大程度上进行了学习和专业化成长。此策略不言自明，那就是教师要不断学习，勇于挑战自我，不仅要跟上时代的节拍，而且要引领时代发展。

九、不要混淆了表扬和批评

在课堂上，我们必须无条件地表扬学生。如果我们就事论事，只简洁明了地表扬学生的学习进步，那不是更好吗？此策略告诉我们表扬的三条重要作用：信任学生。相信学生知道自己的缺点，相信学生都希望改正自己的缺点；包容学生。没有不犯错误的学生，只有包容学生才能接纳学生，才能用爱去滋润感化教育学生；激励学生。学生的成长需要教师的引领，在一个积极向上的课堂氛围中，学生会潜移默化地受到教育。

十、家长比你知道得更多

他们相信自己的教学经历足以使自己成为教学领域的专家，他们会告诉你哪里做错了，而在你做对了时，他们有时又忘记了表扬你。此策略告诉我们三层意思：现在的家长有教学经验，我们要倾听家长的教学建议，要有"三人行，必有师"的心态，虚心学习；现在的家长比较功利，教师要善于分析家长的意见和建议，合理的要采纳，不合理的要做好解释工作；家长要成为我们教育的合作伙伴，教师一定要和家长沟通好、协调好，这样教育才能发挥更大的作用。

Renee Rosenblum-Lowden，Felicia Lowden Kimmel给出了课堂管理的307条策略，上述十条是其中的一部分，但足以改进我们的工作。我校对有效教学的研究在持续和深化，其中，课堂管理的智慧和方法是关键。把学生的基础和本源研究好，把学生的学习习惯和学习方法研究好，把学生的学习状态和学习精神研究好，我们的教学会更加有的放矢，我们的教育会更加有效！

"两个"课题，让我们更好地成长

为了让同学们更好地成长，学校为同学们启动了两个课题研究，一个课题是《"两长"共同为学生营造良好教育环境的实践研究》。

"两长"，是指以校长为代表的学校教育和以家长为代表的家庭教育。在高中三年中学校将为同学们做20项教育工作，努力为同学们营造良好的学校教育环境；在高中三年中家长将为同学们做11项教育工作，努力为同学们营造良好的家庭教育环境。从哲学角度看，每位同学的成长是同学们自己的事，对高中生而言更是如此。为自己的成长作一个规划，在持续努力的过程中，让自己养成良好的生活习惯、学习习惯和体育运动习惯，具备优秀的道德品质，打好扎实的学习基础，这是对我们作为上海市实验性示范性高中学生应有的要求。教师、父母为同学们做的所有教育工作都是同学们成长的外部条件，外部条件再好，如果我们自己不努力，没有内在的成长动力，也不可能成长好；如果我们自己很努力，有很强的学习动力，即使教育环境不好，我们也会成长得很好，何况同学们现在所处的教育环境不差。同学们要为"两长"为我们营造的教育环境作积极的呼应，时刻拥有一颗感恩的心，绝不能对教师和父母的努力视而不见，甚至有逆反的情绪。

另一个课题是《"ZS"学习的行动研究》。"ZS"学习，是指自控学习和深度学习。

高考新政的核心内容是"两依据，一参考"，谁能够在"两依据，一参考"中取胜，取决于谁能够自控学习和深度学习。自控学习由三部分内容组成：有基本要求，要求同学们有良好的学习态度、学习情绪、学习毅力、学习习惯、学习计划和对课余时间的管理；自控学习有具体要求，要求同学们做好预习、上课、复习、作业和对学习的归纳总结；自控学习有实践操作点，要求同学们会制订学习计划，对预习、上课、复习、作业、归纳有具体要求，并形成习惯。自控学习不仅要求同学们自主安排学习，而且要求同学们在学习过程中能够自我反思，自我调整，积极主动地去弥补自己学习上的薄弱学科和薄弱内容，让自己越学越有劲，越学越有成就感。深度学习也由三部分内容组成：有基础工作，要求同学们做好学涯规划、职业规划和生涯规划；深度学习有具体要求，要求同学们善于归纳总结，会学科建模，能够跨学科学习，能够解决较为复杂的问题，对学习能够自我评估并不断优化；深度学习有实践操作点，要求同学们对计划制订、归纳总结、学科建模、跨学科学习、问题解决、自我评估、自主优化有具体的行动，并形成习惯。深度学习不仅要求同学们完成教师布置的学习任务，而且要求同学们在学习时更深入一步，上课时的思维要走在教师的前面，作业做好后要举一反三，对重点知识和难点知识要深入研究，拥有比高中教材翻倍的英语词汇量和文言文阅读量，学习只有达到一定的高度，才会进入一览众山小的境界。深度学习能让我们越学越轻松，越学越有味。

"让华三每一位学生更好地成长"是教师们的期盼。让我们共同做好"两个"课题，教师们和家长们努力为同学们营造良好的教育环境，同学们积极响应，努力做到自控学习和深度学习。师生奋斗，同学们一定会成功！

"一组一课题"，让学校行稳致远

"一组一课题"，即学校每一个教研组均有一个研究课题。

确立什么内容作为教研组研究的课题？我们对课题的选择有三条原则：一是教研组整体性发展原则。希望通过教研组课题的研究，能从整体上带动教研组建设，让教研组建设制度化、系列化和科学化，从而提高学校教研组活动的质量；二是教师个体性发展原则。希望通过教研组课题的研究，让组内的每一位教师具有教学科研的意识，具备教学科研的能力，从而促进教师的专业发展；三是问题导向性原则。希望通过课题的研究，解决教研组建设中长期存在的问题，补上教研组建设的短板。

学校教研组对课题的研究已经持续了三年，这三年大体上分为三个阶段。

一、课题选题阶段

从2014年6月12日至2015年1月8日，在这半年中，学校要求每位教研组长和学科教师思考四个问题：一是"我们学科的教研组活动有效吗"；二是"学校教研组活动对我的专业发展有用吗"；三是"学科教研组的活动成体系吗"；四是"学科教研组活动到底要解决哪些问题"。半年来对这四个问题的思考，教师们达成了三个方面的共识：一是我们的教研组建设还有很大的提升空间，现在我们教研组建设的质量还不高；二是我们必须要改变教研组活动的模式、策略和方法，调整教研活动的内容，聚焦对教法和学法的研究；三是要形成我们学校的本学科教研组建设的特色，要充分发挥优秀教师和特长教师的示范和引领作用，通过持续的努力，形成区内有影响力的学科教研特色。

二、课题确定和研究阶段

从2015年1月8日至2016年6月16日，在这一年半中，学校重点推进了三项工作。

1. 课题申报

学校请科研室马志龙主任对教研组长和相关教师进行辅导，通过教研组申报，学校科研室审核，把学校教研组的"一组一课题"列为学校的校级课题。

2. 课题交流

其间学校组织了三次课题研究交流，分阶段有侧重地有序推进工作。2015年6月18日，举行了课题第一次交流，学校选择7个教研组进行课题研究交流，其中，语文教研组邢芳老师作了《校本语文阅读课程内容的整合研究》的交流，数学教研组赵永霞老师作了《基于校情的高中数学星级作业的设计研究》的交流，英语教研组蒋琳老师作了《高中英语阅读与写作教学的整合研究》的交流，物理教研组饶凤英老师作了《高中物理学生小实验小制作的实践研究》的交流，化学教研组李岩老师作了《高中化学学生自主实验研究》的交流，政治教研组邱路卫老师作了《生活化政治课堂的实践研究》的交流，历史教研组李代友老师作了《历史对话教学研究》的交流，第一次课题交流全面推动了学校教研组课题的研究。2016年1月7日，学校举行了课题研究第二次交流，由语文教研组邢芳老师作了《高中语文课程资源的整合》的交流，数学教研组蒋志红老师作了《高中数学错题管理系统研究》的交流，英语教研组蒋琳老师作了《高中英语词汇教学研究》的交流，物理教研组陆欣老师作了《高中物理高阶思维研究》的交流，第二次的交流是在第一次交流基础上的优化和改进，有些是教研组课题的子课题的研究交流。2016年6月16日，学校举行了第三次交流，重点选择了三位教师作交流，分别是数学教研组的蒋志红老师、政治教研组的邱路卫老师和地理教研组的赵彩霞老师，第三次课题研究交流更规范，具有示范作用。

3. 课题的指导

为了使学校教研组课题的研究更科学、规范和有效，学校邀请了两方面的专家对课题进行把脉和指导，一是邀请了华东师大专家教授把脉和指导，其中有语文学科专家周震和教授、数学学科专家田万海教授、英语学科专家舒运祥教授、物理学科专家胡炳元教授、化学学科专家范杰教授、政治学科专家夏国乘教授、历史学科专家聂幼梨教授，教授们细心的指导让教研组的教师们受益匪浅；二是邀请了区内的专家和领导指导教研组的课题，其中有区教育学院的顾啸平主任、丁永章主任、陆丁龙特级教师，还有教育局的聂荣鑫科长和盛明秀分管局长，专家和领导的指导让课题研究更具实用性和方向性。

三、课题总结和课题成果汇编阶段

从2016年6月16日至2017年9月30日，又细分为两个阶段。

1. 2016年6月16日至2017年7月22日为课题深化研究阶段

重点结合高考新政，尤其是围绕"两依据，一参考"开展课题研究，同时结合学校推进的"两力"培养，增加了研究的内容，扩大了研究的范围。

2. 2017年7月22日至2017年9月30日为课题成果汇编阶段

学校对课题汇编提出了四点要求：一是各教研组要全员讨论，要人人参与课题的总结工作；二是要形成成果，让研究成果能够指导今后学科教研组的工作；三是要提炼特色，为后续全区展示和示范辐射做好充分准备；四是要考虑后续教研组的研究课题，为后续的课题研究做好准备。

三年的课题研究我们感慨万千，三个方面的体会刻骨铭心：第一，教研组建设意义重大。一所学校教研组建设的质量和水平从某种意义上反映了这所学校的质量和水平，教师们积极参加学科教研组活动，反映了这所学校的凝聚力和向心力；教师们有效参加学科教研组活动，反映了这所学校的高效率和战斗力。要让学校持续发展，具有高成长性，必须狠抓教研组建设。第二，教研组建设要有着力点。教研组建设的千头万绪及教研组建设效果的滞后，导致教研组建设无重点、无系统、无评价，是教研组建设低效甚至无效的重要原因，扭转这一局面必须要给教研组建设一个着力点，这个着力点就是教研组的研究课题，让课题统领教研组建设。第三，教师必须要有"变"的意识。我们所处的时代正在发生急剧的变化，社会在变，技术在变，教育的对象在变，教育的要求也在变，寄希望于以不变应万变的想法和做法，必然被动和落后。我们要通过教研组活动，通过校本研修，主动变，善于变，引领变，通过团队的力量和智慧，让教师人人都强，从而让学生得到全面发展。

使学校不断发展的六条"法宝"

2013年1月，在徐虹局长的带领下，我参加了"人大附中教育家办学实践"研讨会，聆听了刘彭芝校长"中国情怀，世界视野，有因有革，返本开新，追求卓越，勇于担当"的主题发言，深为刘校长办学思想的先进、办学行为的前瞻、办学品质的优异、办学效果的卓越所感动。探索刘校长的办学实践，有许许多多的办学智慧和办学举措值得我们学习，通过认真思考和梳理，结合自己的办学实践，我认为要使学校不断得到发展，校长办学必须具有六条"法宝"。

一、学校各方面必须各司其职

各司其职分为四个层面：校级层面中的校长、书记、副校长要各司其职，分工要明确，职责要分明；中层层面的主任、副主任要各司其职，常规性的基础工作要做扎实，突破性的创新工作要做稳妥；一线层面的年级组长、教研组长、备课组长、班主任要各司其职，阶段性的工作要条理清晰，要不断反思优化各项工作；各学科教师要各司其职，教师要致力于专业发展，致力于课堂教学的改进，致力于学生能力的培养。各司其职要坚持三条原则：一是做好自己的事。只有学校中的每一位教职员工做好本职工作，学校发展才有可能。二是专业的人做专业的事。学校的管理、教学、科研都具有很强的专业性，只有用专业的知识来管理和工作，才能使学校得以高质量地发展。三是学校的工作不能唯各司其职。学校是一个有机的整体，各部门只有通力合作才能完成育人的事业。中国人民大学附属中学得以持续发展应该得益于学校各方面的各司其职，反观我们有些学校工作效益不佳，原因既在于学校各部门的相互扯皮和抱怨，把本部门工作的缺失归结为其他部门的工作，又在于学校各位教工相互不满和指责，同事之间关系复杂，干群之间矛盾激化。

二、做强学校必须要夯实基础

夯实学校基础包括四个方面：强师资是基础。强校长能带出强师资队伍，强师资队伍能造就强校长，一所优质的学校必是"人人都强"的学校，我们要使"骨干教师大众化"；强课堂是关键。育人的主渠道在课堂，课堂必须要体现教育的生命性、未来性和社会性，具有生命活力的课堂一定是高效的、和谐的、能体现学术性的；强特色是根本。学校的特色就是学生的特色，来自不同家庭背景的学生无论在哪方面都不是千篇一律的，让学生在具有基础知识和基本能力的前提下，充分发挥个性特长是学校应尽的责任和义务，教育的真谛就是挖掘学生的潜能，让学生的特长更突出；强学生是目的。学生强是学校强的体现，强校培养强学生，强学生促进强校，强学生一定是"品德高尚，行为规范，学业优异，能力出众，性格阳光，身体健康"的学生。夯实学校基础要坚持三条原则：一是可持续发展的原则。学校发展必须着力于现在，着眼于未来，办学者要有学校梦。二是不牺牲师生幸福快乐的原则。教育工作是为人的成长，是积德高尚之工作，教师理应幸福；学生沐浴着阳光学本领，是吸收着养分茁壮成长之过程，学生理应快乐。三是引领和兼顾的原则。学校是为国家培养未来的人，因而学校的教育理念和教育行为要领先于时代，充分体现教育的前瞻性；学校要生存，对学生有吸引力，也必须满足学生和家长当下的需求。人大附中有当下的卓越品牌得益于学校扎实的基础，反观我们现在的一些学校，由于基础不牢，终是昙花一现。

三、使学校发展必须独善其身

学生成长有规律，教育工作有规律，学校发展更有规律。教育是"慢活"，因而办好学校要有咬定青山不放松的精神，持之以恒地做好为了实现学校梦想的工作。独善其身包括两个方面：一是学校的独善其身。学校要分析好现状，设定好目标，理清工作思路，然后学校统一思想，排除一切干扰，心无旁骛地奋斗，一心一意地工作。二是教师的独善其身。教师工作的性质决定了对教师的要求不同于一般的公职人员，教师要有高于他人的专业道德、语言道德、生活道德和交往道德，教师要有自己的精神空间，在当今时代，教师要保持高境界。学校发展的独善其身要把握好三条原则：一是不折腾的原则。不管东风、西风，我们绝不随风。二是不入俗原则。教育要引领未来，学校发展不能被绑架；教师要为人师表，教师不能被世俗化。三是不排斥原则。独善其身不是把我们装入套子，自命清高，世上一切科学的、先进的和美好的事物不仅不能排斥，而且要如饥似渴地吸收，更要不遗余力地传播和引领。人大附中在风风雨雨中为何能独领风骚？在于刘彭芝校长的独善其身。

四、使学校不断发展必须"美成在久"

"美成在久"是庄子的一句话，意为世上一切美好事情的成功在于持久地坚持。学校是"铁打的营盘，流水的兵"，学生在学校时间有限，高中三年一晃而过；教师在学校一辈子，教一届学生一阵子，教另一届学生基本上重复上一届的方式；对学校而言，现在是校长任期制，一届任期结束，有的校长调离了，有的校长高升了，持久地做好一件事就难了。坚持做好一件事需要毅力，需要韧劲，更需要相关制度的保证。"美成在久"的前提是学校发展的目标必须正确、明确，学校发展的目标一定是基于学校的实际，基于社会发展的趋势，基于学校正确的办学理念。人大附中发展的经验告诉我们，校长全心办学，行政专心管理，教师用心教学，学生一心学习，促进了人大附中的不断发展。反观我们有些学校，名堂多，花样多，表面上热热闹闹，实质上是绣花枕头，经不起时间的考验。

五、学校发展必须直面挑战

学校要在原有基础上有所发展，会面临多方面的挑战：（1）管理能力的挑战。学校管理永无止境，管理一具体，管理一深入，各种问题和矛盾就会接踵而至，挑战的是管理者的水平、能力和能耐。（2）师资队伍的挑战。教育是人格换人格、智慧对智慧、品行育品行、能力促能力的工作，高质量的教育需要一支高水平的师资队伍。（3）学校教育资源的挑战。政府、社区等学校外在的教育资源会影响学校的教育，学校的图书馆、实验室、专用教室会直接影响学校的教育教学。（4）学校间相互竞争的挑战。学生和学生家长对学校的美誉度直接影响学校的生源状况，不同的生源决定不同的办学境况。直面挑战需要办学者的智慧和勇气，需要学校上下一心，更需要全校师生有"我不入地狱，谁入地狱"的决心和意志。刘彭芝校长在办学初期面临的困难不少，但刘校长用真心、诚心和决心使学校在不长的时间内脱胎换骨，其法宝就是直面挑战。

六、学校不断发展必须民主管理

民主管理的最高境界是把学校的管理权还给全校师生，用刘彭芝校长的话讲，就是"谋事在众，决事在己，成事在众"。请全校师生共同商讨学校发展的规划，共同研讨学校发展中存在的问题，共同寻找解决问题的策略和方法，充分发挥全校师生的主人翁精神，充分调动全校师生办学的智慧和热情，这是谋事在众；决策重大事件要有决策程序，充分体现校长负责制的作用，但决事在己不是校长说了算，而是校级班子集体的决策，这是决事在己；谋事和决事的目的是成事，因而充分依靠全校师生，发挥全校师生的积极性、主动性和创造性是成事的关键。在成事的过程中，学校要为全校师生创造条件，提供物质和精神上的支持，努力为成事者排忧解难，这是成事在众。民主管理既是对全校师生的尊重，又是学校文化的重要组成部分。

阻碍学校不断发展的因素有很多，促进学校不断发展的因素也有很多。校长办学的过程就是不断消除阻碍学校发展的因素，充分利用促进学校发展的因素，从而推进学校发展的过程。这种过程此消彼长，当旧的矛盾解决了，新的矛盾又会出现；原来不是问题的问题，现在也会成为新问题。学校就在这种此消彼长的过程中不断向前发展。校长的能力就是在各种有利于学校发展的因素和不利于学校发展的因素中找到促使学校不断发展的"法宝"。上述六条促使学校不断发展的"法宝"对我校发展至关重要，我们将不遗余力，不断努力，使学校更好、更快地发展！

抢抓机遇，夯实基础，确保学校稳步发展

一、学校的发展面临着较好的发展机遇

一所学校的发展具有阶段性和周期性的特点，搞教育的人总希望学校能平稳健康、可持续地发展，不希望大起大落，不希望原地不动。通过我们用心工作，使学校工作逐年有所改善，使学校逐年有所发展，也使我们的教育教学更符合学生身心发展规律，使我们自身的工作做得更顺当、更美好、更科学。三附中发展到今天，的确是我们所有教职员工辛勤努力付出的结果，这种付出学校是记着的，有学校的校史为证；这种付出学生是记着的，当一个学生本对生活失去信心，对学习失去信心，经过我们不倦的教诲而重新振作起精神拿到大学录取通知书时，这是做教师的最大功德。当家徒四壁的农民家庭出了一位大学生时，改变的不仅是一个家庭，也使中国的社会结构得到了优化。教师虽然清贫，但教师的工作就是这么神圣。三附中的教育就是要受惠于所有三附中的学生，我们是到了使每位三附中的学生走向成功的时候，因为学校的发展已经面临着难得的发展机遇，这种机遇表现在以下四个方面：

1. 上海市实验性示范性高中的成功申报为学校发展带来了机遇

我们一直有一个期待，就是期待着经过我们不懈的努力，使学校成为金山人民满意的实验性示范性高中，成为金山乃至上海的一个教育品牌。我们经常把学校比作一根藤，只有藤培养得粗壮了，人们自然而然地就联想到藤上结的瓜一定是优质的。市实验性示范性高中是市教委授予我们的教育品牌，我们一定要倍加珍惜这一品牌，使之成为提升我们工作标准和品质的永远的动力。创建成功市实验性示范性高中我们不能忘记石化股份有限公司，每年办学经费的支持，尽管到位不很及时，但有时能解燃眉之急；尽管华东师范大学在招生上

没有多少优惠政策，但每月的教育教学指导，能从根本上促进学校办学质量的提升；金山区教育局时时刻刻关心着学校，希望学校苦练内功，为金山教育做贡献；金山区兄弟学校也为我校的创建工作提供了很多精神和物质上的支持，我们也很感谢他们；同时，市教委的领导和专家们包容了我们的一些不足，真心希望学校能发展好。

2. 学生生源的逐步改善为学校发展带来了机遇

就教育理论而言，教育的价值和意义与生源是没有多大关联的，但就基础教育的实践而言，较好的生源能使教育更见效，尤其在品德的养成、知识的传授和能力的培养等方面。最近几年，我们明显地感受到我们的教育在越来越多的学生身上起到了正向的积极作用，背离学校教育的学生越来越少了。这种生源逐步改善的机遇如果我们把握住了，就能使我们的教育越做越顺，能为我们教育者提供更多的教学相长的机会，促使我们教育教学能力的提高和教育教学自信心的树立。

3. 学校师资队伍的逐步成熟为学校发展带来了机遇

20世纪90年代末，由于大批教师流失，学校师资面临着数量不足和质量下滑的困境，但我校一大批新引进的教师克服种种困难，在实践中改进调整，在短时间内及时适应了学校的教育教学，现在大多成了学校教育教学的骨干，有些还成了区内"明天导师工程"的成员。我校一批刚毕业应聘到学校的大学生，经过自强不息的努力，逐渐褪去了青涩，现在成为学校最具活力的一个教育群体，相信再给这批青年教师两三年时间，他们会担当得起学校教育教学的重担。我校一批在学校奋斗了十多年、二十多年的教职员工，也在通过自己不断的调整和更新，为新进教师起到了传帮带的作用，能够选择留在学校的教师肯定希望为学校发展继续添砖加瓦。学校只有依靠一支成熟而敬业的师资队伍，发展才有持久的动力。

4. 政府对学校的高度关注，为学校发展带来了机遇

金山区人民政府委托金山区教育局对学校的办学进行全面的领导，这使学校的发展有了充分而坚实的依靠和基础。金山经济社会的发展使三附中的发展有了物质基础和拓展空间，尤其是当前区委、区政府提出的四大组团战略，肯定要求金山的教育协调发展、超前发展。从长远看，金山教育的发展，使三附中的发展更具责任感和使命感，尤其是当前教育局党委和行政部门正在制定的金山区教育中长期发展规划，更为学校的发展提供了机会和动力。学校的发展只有依托政府的政策支持，把学校放在整个社会发展的背景中，学校才有源源不断的发展动力。政府对教育的重视，使我们看到了办好高中教育的希望。

二、学校在发展过程中面临的一些困难

一所学校的发展不可能一帆风顺，当旧的矛盾得以解决，就会有新的问题出现；当内部的问题得以理顺，就又会有外部困难产生；当学校的管理刚走上正轨，就会因办学条件不足而束缚学校的进一步发展；等等。我们学校的发展就是在新旧困难不断解决和产生之中发展的，但我相信，新的困难、矛盾、困惑和不足肯定已经不是在原有水平上的重复，把这些困难、矛盾、困惑和不足解决掉，学校的发展就会站在新的平台上。当前，我校面临着的困难主要表现为以下四个方面：

1. 教育教学的一套管理制度尚没有内化为全体教职员工的自觉行动

我们一直把学校的管理分为三个阶段：一是人治阶段，也就是校长说了算，或者事实上的校长说了算；二是法治阶段，也就是以制度为依据，制度说了算，或者校务会议成员在决策某项事件之前，先制定制度，让制度代替校务会议成员；三是文化治理学校阶段，学校所有教职员工在一个环境中，深受环境的熏陶，知道何时做什么、应做什么、怎样做、有何标准、如何检测。我们学校好像已经过了第一阶段，正在经历第二阶段，我们期望向第三阶段迈进。学校的发展只有进入第三阶段，所有教职员工的工作才会变成内在的需要，工作时才会心情舒畅，而不会把工作作为一种负担。到那时，相互之间的听课、备课组内材料的准备、教师教科研论文课题、作业的布置批改、命题的一套流程、教学的补救和辅导、学校人财物的管理、校园设施设备的维护都会变成全体教职员工的自觉行动。而现在，我们离这一要求还有一段距离。

2. 我们教育管理学生的方法和手段尚比较单一

我校的学生来自不同的地区，既有石化城区的学生，又有农村乡镇的学生；既有本区的学生，又有外区的学生，还有少部分外省市的学生。对这些学生，我们必须要有足够的经验和方法，真正"以学生为本"，创设一个良好的环境和氛围，使学生融入学校教育。对个别性格偏怪的学生，我们要在理解的基础上，满足其情感需求，让他们信任我们，千万不能以偏治偏，以怪治怪，

从而激发矛盾，造成教育上的对立；对个别学习基础不是很好的学生，我们同样要在理解的基础上，通过课堂关注、课后关心辅导的方法，使他们慢慢地对学习产生兴趣，千万不能以急躁和学生反感的方法，硬要学生完成不可能完成的学习任务。我们一直说教育学生是一项神圣的工作，但是如果因为不放弃每个学生而实施的教育不被学生和家长认可，甚至遭到学生和家长的质疑，那么我们就要对教育方法做出调整，我们要让不认可学校管理和教育的学生少而又少。

3. 部分教职员工对学校的管理尚有不理解和不满意的方面

学校是知识分子集聚的地方，教师独立的思维和判断能力决定了学校的管理必须是民主的、程序的、科学的、周全的、超前的。但学校的管理往往面临着各种困惑：有时想民主，但怕效率不高；有时想程序，但怕烦琐；有时想科学，但免不了功利；有时想周全，但总有考虑不周；有时想超前，但总是精力不济。学校的管理就是在这种矛盾的状况下运作着。现在，我们学校部分教工对学校产生不理解和不满意的情绪大体上表现为以下四个方面：

（1）部分教工对学校的评优和评先不满意。年终考核评优，我和他做得差不多，为什么他评优，而我评不上？对学校设定的三级打分制不满意。教师节评优秀教师，为何总是那几位，怎么总轮不到我？对学校以工会小组民主推选的方式不满意，总希望学校能干预一下。

（2）部分教师认为学校对教师的评价不科学，好像总以教学成绩来衡量一位教师的工作业绩。事实上，学校对教师的评价不可能是单方面的，我们更多的是看教师的工作态度和工作投入情况。但有一点是肯定的，如果一位教师教学成果经常不显著，则学校一定会重点关注，通过沟通、了解、分析，共同出点子、想方法，使教师的教学效果能有所提高。当然，学校对教师的评价，家长的作用也是蛮大的，如果家长不时地来信或来电对教师的教学表示不满，则学校也会加以重视。但一般来说，学校总要为教师寻找理由，不会不做调查地轻易听信一面之词。

（3）部分教工对学校在处置一些违纪事件上不满意，认为学校处理力度不够。比如，班组中总有个别员工上班迟到、下班早退、中间上班不见人影；个别教师有时忘了早读课、午间答疑、晚上值班；个别教师有时监考迟到，监考时注意力不集中，做其他事情；甚至还有极个别的员工上班玩电脑游戏，等等。对于这些现象，学校不是没注意到，但学校希望通过个别提醒、集体教育、相互提示的方式，使这些身上有点小问题的教职员工能自觉反省，从而减少这类现象的发生。

（4）部分教师对高三教师的教学安排有想法：为什么他可以教高三，而我要教高一、高二？为什么他教这个班，而我教那个班？对这些问题，学校很难给提问者一个确切的说法，但学校在考虑时总有一个原则，就是要有利于教师个人的发展，有利于团队的发展，有时还会出于保护教师的考虑，其中绝对没有个人的恩怨和捉弄人的想法。

4. 学校的硬件条件、办学经费存在的问题正在逐步显现

由于教学楼紧靠公路和街面商铺，我们的课堂教学总要避开各种噪声的干扰；由于学生寝室与派出所相邻，我们的住宿学生在深夜经常深受派出所内争吵声之苦；由于我们的食堂只能容下一个年级的学生就餐，绝大部分同学就餐只能无选择性地吃送进教室的盒饭，从而导致就餐质量不高；由于学校办学经费极其拮据，教职员工的付出与收入严重倒挂。上述问题，在我们的工作标准和要求不断提高，以及我们的教育发展到一定程度后，就会逐步显现，进而成为学校进一步发展的障碍。解决这些问题，一方面，我们要通过自己的努力，尽可能地把不利因素消除，消除不掉也要把不利因素转化为积极因素；另一方面，我们要通过教育局领导，促使三方联合办学委员会正视这些问题，采取积极措施，为学校发展创设合格的硬件条件和外部环境。

三、确保学校稳步发展的思考

衡量一所学校的办学水平，总有一些关键性的指标，以下三大指标至关重要：第一类是过程性指标，包括办学思想、办学制度、课程设置、教育教学的策略方法等方面；第二类是结果性指标，包括学生毕业之后所拥有的知识与能力、学校师资队伍的状况、学校对外的声誉等方面；第三类是保障性指标，包括支撑学校课程建设的实验室、图书馆、专用教室、社区教育资源等方面。刚过去的一学年我们在过程性指标和结果性指标方面有所突破，这归功于我们的自我加压。为了确保学校稳步发展，我们必须思考清楚以下六个教育命题：

1. 教育工作有时具有个体性，但教育的结果是通过团队来体现的

教师的工作性质可归纳为三条：一是教师的工作从形式上具有个体性。教师的备课、上课、作业、辅导、自我改进都具有典型的个体特征，因而教师需要具有很强的责任感和自觉性。没有责任感和经常偷懒的人是做不好教师的。二是教师的工作在内容上具有深刻性。教师的工作是以尊重换尊重，灵魂换灵魂的工作，教师的工作能改变一个人的命运，能影响人一辈子，因而教师是正义和公正的化身，心胸狭隘经常想算计他人的人是不能当教师的。三是教师的工作在时间上具有模糊性。教师的工作时间绝对不是八小时，他门需要不分白天黑夜地执着付出，他们需要有一股两耳不闻窗外事的傻劲儿，这就是意志力不强的人当了一阵子教师后要跳槽的原因。由于上述特点，决定了教师的工作是一个良心活儿，不善良的人是当不了教师的，这就是教师师德建设一直常抓不懈的原因。教师工作的成果又是以团队的形式呈现的，教育学生绝对不是只抓学生的学习成绩，而是要德、智、体、美、劳五育并进。

2. 教育学生是艰辛的，但学生间产生差异的原因可能恰恰是教育的动力

学生间的差异是自然界生态的反应，因为这种差异性，才使我们的教育充满着智慧挑战，因而我们要对班级中的每个学生进行分析，寻找到能拨动学生的那根心弦，用恰当的方法使学生是能够信任我们。

3. 学校要有特色地发展，需要有特长的教师

我们学校有一批学有专长的教师：有些教师，教学能力强能赢得班级学生的喜爱和敬重；有些教师琴、棋、书、画、歌、舞有专长，只要在讲台前、舞台上露一手，就能镇住学生，让学生赞叹；还有些教师心灵手巧，百事皆通，工作上、学习上、生活上有难处找他一沟通，问题就能解决一大半。但一些有专长的教师身上难免有各种缺点，如有些教师缺乏团队意识，有些教师脾气急躁，有些教师遇事喜欢抱怨，等等。学校是一个集体，需要各方和睦相处，我们需要相互认同和包容，同时我们也需要相互补位和补台。我一直有一个观点，人的缺点是很难改正的，有些是娘胎里带来的，我们要做的工作是使学校内所有教职员工的优点都发挥出来取长补短，使优点更优，特长更突出。

4. 学校必须抓好师资队伍建设，优秀教师的涌现取决于教师的职业自觉

学校的优秀取决于教师的优秀，优秀的教师能够成就优秀的学校，学校良好的文化环境能促进教师更多地展现自己优秀的一面，因而我们要把学校的文化环境营造好，使教师少分心，从而一心一意提升专业能力，聚精会神做好育人工作。现在我们推进的教师教育三大工程，是涌现优秀教师的外部条件，外部条件好，就能促使教师素质的快速提高；外部条件不好，就会压制教师的教育教师积极性，因而我们要创造条件使教师更加优秀。今年政府给了金山中学一些优惠政策，从全国范围内引进特级教师，这是金山中学人才集聚的一种举措。我校教师队伍建设的方针是：培养为主，引进为辅，优化组合。特级教师是会由学校文化环境造就的，离开了学校的文化氛围，要发挥特殊的作用可能会比较难，学校的事还得靠学校内部的人来做。昨天的优秀并不等于今天的优秀，今天不优秀并不能说明明天不优秀，华东师范大学第三附属中学的发展需要优秀的教师队伍。

5. 学校对教师的评价不仅看成绩，有时还要看整个备课组的活力

学校对教师的评价既是一项复杂工作，又是一项简单工作。对学校而言，不带有个人色彩，能够做到客观公正，反映大家真实的情况；对教师本人而言，多听听看看周围同事的评价和学生及家长的反映，大体上也能对自己有一个正确的评价。我们要尽量缩小学校、同事、学生、家长的评价和自我感受的反差。当年轻教师因教学成绩超过老教师而受到表彰时，我们不能忘记老教师对年轻教师的扶持，在一个充满活力的备课组和班级研究小组中是没有薄弱教师的。

6. 学校的核心竞争力是学校的课程建设，但突破点在基础型课程

学校的课程建设，过去我们只限于拓展型课程的教材开发及学生社团的校本教材的编写，现在看来远远不够。就学生潜能开发而言，基础型课程、拓展型课程和研究型课程是不能分割的，把后两种课程整合到基础型课程中不仅符合学生的认知规律，而且有利于学生学习的连贯性，因而我们要坚定地对基础型课程进行再设计和再开发，形成我们自己的学案、教案、试题库、教具、实验器材、课外阅读书刊，使我们的学生在华东师范大学第三附属中学能真正地全面发展。

丰富课程，创新教育

　　课程是学校育人的重要保障，课程建设是学校发展的重要组成部分，学校要为学生提供丰富的课程以满足不同学生的需求。学校课程建设要关注好"四个问题"：关注学校的办学理念；关注学生的全面发展；关注课程资源的培育；关注办学质量的提高。创新是教育发展的必然要求，创新教育是对教育全方位的反思和改善，包括教师"教好"的创新，学生"学好"的创新，校长"管好"的创新，创新教育的目的是培养创新型人才，以回答钱学森之问。高中特色发展是高中教育改革的重要举措，学校的特色发展不能只靠时间的积累，更需要学校主动作为。推动学校特色发展，需要做好三件事：形成氛围，达成共识；形成常态，建章立制；整合资源，循序渐进。

丰富课程

尽可能为学生提供丰富的课程

　　《上海市中长期教育改革和发展规划纲要（2010—2020）》规定，高中教育是"为学生成长、成人、成功提供知识和能力准备"。学生的发展是一个综合复杂的过程，如何在这个综合复杂的过程中找到核心要素？每一位华三人都在不断思考和实践，这种思考和实践已经历了三个阶段。第一个阶段是让华三的每位学生成长好必须要把基础型课程学好。这样的思考要求教师勤教，学生勤学，师生的教学目标是为了学生考试取得好成绩；第二个阶段是让华三的每位学生成长好必须要拓展学习知识，深化对知识的学习。这样的思考要求教师必须开设拓展型课程，师生的教学目标是为了学生取得更好的考试成绩；第三个阶段是让华三的每位学生成长好必须要兼顾每一位学生的个性特长，让不同的学生有不同的课程选择。这样的思考要求学校必须为学生提供尽可能多的课程，供不同的学生选择。

一、从三个方面对学校的课程进行了反思

　　如何尽可能地为学生提供丰富的课程？华三人从以下三个方面对学校的课程进行了反思：

1. 反思学校的现有课程

　　现有的学校课程能否进行优化？反思的结果是有很大的改进空间。现有的课程挤占了学生绝大部分的学习时间和空间，不减只增的课程加重了学生学习负担。

2. 反思学校的教育资源

现有的学校教育资源能否为学生提供尽可能多的课程？反思的结果是存在不足但有办法弥补。丰富的课程更需要特长教师来开发和实施，学校有这些教师，但明显不够，需要借力。

3. 反思学校的课程价值

从未来社会对人才的需求看学生究竟需要怎样的课程？反思的结果是培养创新人才，必须开设培养创新素养的课程。创新素养培育课程和基础型课程相差甚远，前者主要培养学生的求异能力，后者主要培养学生的求同能力，我们要在做好基础型课程的基础上，为学生构建培养创新素养的课程。

三个方面的反思让我们达成了课程建设的共识，我们要为学生提供创新素养培育的课程。

二、探索创新素养课程的三个阶段

如何建立培养创新素养的课程？华三人在不断探索。2011年学校成立了金山光启创新学院华三分院，分院的探索工作就创新课程的建设而言已有三个阶段。

1. 摸索阶段

学校组建了四个项目兴趣探究小组，没有教师，全校招募加上行政推动，最终有5位教师赶鸭子上架。没有教材，教师们积极行动，自编讲义、实验和活动。没有探究场所，学校腾出两间实验室的备用教室，教师们自己设计，自己选择装备，让分院的教室具有较浓的探究氛围和基本的设施设备。

2. 梳理阶段

学校邀请了市、区教育部门的领导和专家，对学校的创新教育进行评估和指导，评估的结果鼓舞了分院的教师们，因为领导和专家在和分院学生座谈时，学生们反响强烈，一致认同分院的教学实践。同时对分院的创新教育提出了很好的指导意见，要求进一步优化培养创新素养的课程。为此，学校专门请华东师范大学的专家顾问，对四个探究兴趣小组的课程进行指导，尤其对探究课程所使用的讲义作进一步的完善，初步形成了属于分院的创新教材。

3. 优化阶段

学校对分院的创新课程作了三个方面的优化：首先，设置了培养创新素养的公共课程，以此培养学生基本的创新思维和创新意识；其次，拓展了培养创新素养的活动课程，以此增强学生自主探究的能力和水平；最后，精心设计了培养创新素养的专业课程，让学生在比较高的平台上做专业性比较强的探究工作。

三、创新教育的三条探索体会

七年创新教育的探索过程，实质上就是七年建设学生创新素养课程的过程，经历这样的过程，我们有三条探索体会：

1. 要有顶层设计

从成立创新分院开始，学校就明确了培养学生创新素养的课程思想、课程策略、课程要求，建设了实施创新教育的实践基地，制定了创新教育实施过程的评价指标，从组织和制度层面保证了创新教育的有序开展。

2. 要广泛宣传

教育改革就是为了突破学校发展瓶颈，让教育真正为了每一个学生的终身发展。传统的教育思想、教育内容、教育行为和教育评价我们已经习惯，改变习惯需要理由，教育只能是为了学生的发展，任何阻碍学生发展的教育必须改变。对于这些思想要进行广泛宣传。

3. 要有一种精神

教育改革需要勇气，因为在探索中总会面临很多困难，有来自自身的惰性，让我们自己有畏难情绪；有来自教师们的工作压力，让我们难以为继；有来自社会和家长的质疑，让我们瞻前顾后，缺乏信心。克服这些困难，唯一的办法是强化教育的责任感和使命感，以一股执着的精神勇于探索和实践。

四、提供丰富的课程需做好三项工作

尽可能为学生提供丰富的课程，我们还有很多工作要做，当务之急我们要做好以下三项工作：

1. 进一步挖掘教育资源

华东师范大学是我们坚强的后盾，华东师范大学有丰富的教育资源，我们要依托华东师范大学的顾问团队，用好这些教育资源。学校的教师是学校发展的核心要素，教师中蕴藏着无尽的资源和潜能，为了实现教育梦想，释放教师的教育能量是我们的重要工作。

2. 进一步构建学校的课程体系

我们要构建好教师教育的课程体系，使青年教师、骨干教师和特色教师有差异化的培养课程，通过校本培训，培养一些创新型教师。我们要构建好学生教育的课程体系，使学生的成长、成才和成功有多元化和个性化的课程选择，努力培养具有综合素养的优秀学生。

3. 进一步推进学校创新素养课程的建设

要依托金山光启华三分院构建科学完整的课程体系，尤其是项目兴趣探究小组的课程要更完善，更科学。同时，要在基础型课程中渗透创新素养的培养，努力转变教育观念，让创新教育渗透在学校教育的方方面面。

高中课程建设要关注好"四个问题"

一所学校的发展，有赖于该所学校的课程建设。学校课程建设得越丰富，教师的专业能力就会越提高，学生的学习经历就会越丰富，学校的发展就越有保障。当下对学校的课程建设有两大观点：一种是专家的观点，课程建设有很高的要求，只有满足一系列的要求，才算是课程；另一种是基层学校的观点，只要能提高教师的专业水平，只要能助力学生成长，都认为是课程。多年的办学实践，关于学校的课程建设，我们时刻在关注以下四个问题：

一、课程建设要符合学校的办学理念

学校的办学理念是办学的指路明灯，是校长的教育理想，是教师的教育行动，是学生的成长方向。对办学理念，我们坚持了以下三条原则：

1. 稳固性原则

办学理念是形而上的东西，思想的统一需要长时间的坚守，有坚守才有可能铁杵磨成针。我校的办学理念是"以新基础教育理论为指导，在成事中成人"。此办学理念从1999年提出，至今已近20年，从教师到学生已耳熟能详，得到了师生的高度认同。2009年，学校面向全市自主招生，有一位来自宝山的学生来报名参加招生面试，教师问了一个最常见的问题，你为何报考三附中？该学生脱口而出，因为贵校的"新基础教育理论"的"四还"和"三性"吸引了我。最后该学生如愿被录取，高一竞聘成为校学生会主席，高三入党，高考被上海交通大学录取。

2. 更新性原则

当今世界日新月异，教育改革如火如荼，学校的办学理念需要不断更新，赋予其新的内涵。过去我们对"新基础教育"理论的理解是，夯实教师教学的

"五环节"，提高课堂教学的有效性；今天我们对它的理解是，以学校教育的外环境塑造学生自主发展的内环境。过去我们对"成事中成人"的认识是，在创建上海市实验性示范性高中的过程中成就教师和学生；今天我们对它的认识是，在建设和实践学校的课程中，发展教师，成就学生。

3. 无限性原则

基础教育的艰难之处在于"没有最好，只有更好"。因而，在办学理念指引下的学校办学要求只能是"只有底线，没有上限"。2008年，我们对学校的办学要求是"培养好的学生，送进大学校门"；2017年，我们对学校的办学要求是"培养好的高素质的学生，送进一流大学"；今天，我们对学校的办学要求是"建完善的课程，育优秀的学生"。教育马不停蹄，永无止境。

二、课程建设要关注学生的全面发展

"十三五"规划上海市对高中教育的要求就是一句话，那就是"高中教育特色多样发展"。学校的特色多样发展最终的目的是学生的全面发展。为此，我校基于学生的全面发展，建立了两大课程体系。

1. 基础课程体系

建设基础课程的目的是夯实学生的学习基础，提高学科基本能力。主要内容包括5大课程，24个模块。具体如下：

（1）思想道德教育课程。包括五大模块：政治信仰、行为规范、社会实践、校园文化、生涯规划。

（2）人文素养课程。包括五大模块：基础文科、语言文字、礼仪礼节、人文书院、外教拓展。

（3）数理科技课程。包括五大模块：基础理科、学科历史、理科拓展、国际数理、信息科技。

（4）艺术体育课程。包括五大模块：基础体育、基础艺术、阳光体育、特长艺术、特色足球。

（5）学生自主探究课程。包括四大模块：学生社团、社区教育、学生自治、国际游学。

2. 特色课程体系

建设特色课程的目的是培养学生的兴趣，挖掘学生的学习潜能。主要内容包括4大课程，19个模块。具体如下：

（1）生物兴趣探究课程。包括五大模块：人类与环境、生命科学实验、植物与微生物学、人体与健康、现代高科技农业。

（2）天文兴趣探究课程。包括四大模块：通识教育普及、学科思维训练、天文知识拓展、实践能力培养。

（3）数理兴趣探究课程。包括五大模块：机器人设计、物理DIY实验、3D打印技术、现代前沿科技模型制作、TI数学图形计算器实验。

（4）化工兴趣探究课程。包括五大模块：化学工程与工艺、制药与药学、新能源与材料工程、食品科学与安全、生态环境与伦理。

3. 建立了学校课程的管理系统

为了保证学校的"两大课程"高效实施，近年来，学校建立了课程管理的五大系统。具体如下：

（1）资优生的选拔管理系统。为部分选修学校特色课程的学生搭建了一个学校和学生互动平台，提高了互动双选的实效性。

（2）学生选科管理系统。为学生了解学校的课程体系和学生选择各类课程搭建了平台，方便了学生选科。

（3）学生学习评价系统。为教师全面了解学生的学习效果和学生知晓自己的学习结果搭建了平台，提高了课程实施的针对性。

（4）学生错题管理系统。以数学组为试点，通过学校的学生学习评价系统，记录学生错题，通过学生再学习等方式，弥补学生的学习薄弱点。

（5）教师绩效记录系统。为全面反映教师的课程执行情况，全程记录教师的教学工作，以大数据的理念评价教师的课程实施业绩。

三、课程建设要注重课程资源的培育

课程资源是学校课程建设的关键。通常学校的课程资源总是难以满足学校课程建设的需求，因而学校的课程资源需要学校不断培育。我校从以下三个方面培育学校的课程资源：

1. 激发教师挖掘自身的潜能

高考新政，给学生在学科学习上有不同的选择，对六门学科教师而言是挑战。迎接挑战，唯一的办法是提升教师专业能力和水平。我校为了激发教师开设特色课程，搭建了两个特色课程实施平台：华三光启创新学院，侧重于科技教育的课程开发；华三人文书院，侧重于人文教育的课程开发。

2. 建立校外课程体验基地

学校的特色课程不同于学校的基础课程，需要为学生提供丰富的学习体验，这种学习体验有时学校很难具备。为此，我校建立了四大特色课程体验基地：

（1）华东师范大学科学工作站实验基地。该基地侧重于学生对基础课程的进一步学习和拓展，让学生了解学科发展前沿，知晓基础知识产生、发展和应用的过程。

（2）上海石油化工科技馆实验基地。该基地侧重于学生对化工科技的进一步了解和探索，让学生用所学基础知识，解释生活中的化学现象，解决生活中的实际问题。

（3）复旦大学附属金山医院中心实验室实验基地。该基地侧重于学生对生命科学的进一步学习，同时也给学生进行医学知识的普及，提高学生对医生这一职业的认识。

（4）上海天文台佘山实验基地。该基地侧重于学生对天文现象的进一步观察，让学生了解天文学科发展的前沿，认识天象观测的设施设备，掌握天象观测的技术，提高天象识别和研究能力。

3. 积极推进课程资源向学校课程的转化

把学校好不容易具有的课程资源转化为能让学生得益的课程，是一个艰难的过程，需要有一种强烈的责任感和使命感。我校通过以下四种方式促使这种转化：

（1）鼓励教师有想法。学校通过教师教育生涯规划，鼓励教师对自己感兴趣的学科或知识进行深入思考，引导教师教无止境，探索不止。教师只有不断给自己压担子，才能挑起教育的担子。

（2）鼓励师生共探究。教师有了想法，就会去学习和研究，就会逐步形成一些讲义或教案，现学现教。在教的过程中，和学生共探究，教学相长，就会生发新的课程资源。

（3）鼓励师生共汇编。一学期，几个专题，经过和学生共同探讨，教师就会完整教案，学生就会有学习体会和学习成果，把教师的教案和学生的成果汇编起来，学校的特色课程就有了雏形。

（4）鼓励教师写教材。经过几个学期的师生探究，教师就会对自己的研究内容有更完整的体会，在已有师生汇编教案的基础上，学校邀请相关专家进行论证，使内容具有更强的系统性和科学性，教师经过修改和补充，就能形成校本教材，有了教材，就会有课程。

四、课程建设要促进办学质量的提高

办学质量的提高，有两个基本条件：一是教师教育教学的积极性；二是学生学习的内驱力。有了这两个条件，学校的办学质量不可能不提高。我校用以下四种办法，通过课程建设提高学校的办学质量。

1. 鼓励教师开发校本课程

学校制定《华东师大三附中校本课程开发奖励条例》，从制度上鼓励教师开发校本课程。教师把精力花在了校本课程的开发上，教师的专业能力就会提高；教师专业能力提高了，教师就能把课上活；课上得能吸引学生，教学质量就会提高。

2. 降低校本课程开发的门槛

中学教师不善于开发课程，不是中学教师水平不够，而是课程开发被课程专家神话了，专家们提出了课程开发的种种要求，让中学教师望而生畏。学校鼓励教师开发校本课程，不是追求课程开发的数量，而是要提高教师的研究能力，为学生提供多一点的学习经历。我们把基础课程之外的任何一种有主题的教育教学活动都认定为课程。如此，教师们有一种成就感，学生受益，何乐而不为。

3. 鼓励学生一学期至少要选修一门特色课程

学生借助学校的选科系统，选择一门自己感兴趣的学科，在教师的指导下进行学习。这种学习是有目的的学习，我们不断提醒学生追问四个问题：所选的学科是自己的兴趣吗？兴趣能成为报考大学的专业吗？这个专业哪所大学有？我如何才能考进这所大学？

4. 形成校本课程开发梯队

学生兴趣的多样性，要求学校有丰富的课程供学生选择。所谓一所学校办学质量的提高，就是学校课程不断积累和丰富的过程。我校致力于学校课程建设，就是要形成课程开发的梯队。我们希望形成这样的局面：学校有一批有想法的课程，一批有讲义的课程，一批有教材的课程，少量能经受得住专家拷问的课程。

课程建设要围绕学校的办学理念。办学理念不能常变，是因为基础教育的本质永远是育人；办学理念的内涵要常新，因而学校的课程建设要与时俱进，与时俱进的目标和方向是为了满足学生的发展，为学生的未来奠基。学校的课程建设任重而道远。

在学生社团课程化进程中推进素质教育

一、学生社团课程化进程中推进素质教育需考虑三个问题

在学生社团课程化进程中推进素质教育是基于以下三方面的考虑：

1. 教育的现代化必须要求全面推进素质教育

尽管实施素质教育的主渠道在课堂已成为大家的共识，但由于基础型课程具有强大的知识传授压力，因而基础型课程只能担当起实施素质教育的一部分，需要其他教育活动来弥补其不足。

2. 教育的本来目的是开发人的价值、潜能和素质

以学生为主体的学生社团，能让学生的策划能力、组织能力、协调能力得以全面提升，同时在学生社团活动内容的选择上，能让学生有充分的判断力和行为价值准则，这种价值的趋向、潜能的激发和素质的提高，是对基础型课程、拓展型课程和研究型课程的很好补充。

3. 学生社团的发展必须走课程化之路

把学生社团常态化、科学化、规范化，使之成为学校的一种文化，必须把学生社团作为学校课程建设的重要组成部分。为此，有社团理念、内容、师资、时间、场所和评价是社团课程化的基本要求。学生社团只有课程化，才能使学生素质得以全面提高。

二、全面实施素质教育需做好以下几方面的工作

基于以上三点考虑，我校把学生社团课程化作为实施素质教育的重要抓手，围绕减负、课程建设、学生社团全面实施素质教育。

1. 推进素质教育必须要减轻学生过重的学业负担

我校作为"新基础教育"理论在高中阶段的实验学校，几年来一直追求师生生命的真实成长，强调以教师的"五种能力"，即教师的形象自塑能力、语言表达能力、教材处理能力、课堂组织能力、教学反思补救能力，来实现"新基础教育"理论所倡导的"四还"，即把课堂还给学生，使课堂充满生命的活力；把班级还给学生，使班级充满成长的气息；把创造还给教师，使教育充满智慧的挑战；把精神主动权还给师生，让学校充满勃勃的生机。为此，我们推出"华师大三附中学科有效教学标准"，温馨班级建设的"四为"和"三标准"，智慧教师的"3+4"项要求，人性化管理的"三个一点"，努力以教师的高效教学，推进学生有效学习，从而切实减轻学生过重的学业负担，全面推进素质教育，真正使学校成为师生眷恋的和谐家园。

2. 课程建设是学校建设的核心内容

课程是国家意志、社会需求、学校特色的重要体现，为此，我们十分重视对基础型课程的二度开发，形成以教案、学案、试题库三位一体的二度开发模式，努力把基础型课程做精、做实、做高效。对拓展型课程我们以"菜单式"和"订单式"两种方式，让学生能各取所需，心想事成。对研究型课程我们坚持专项研究和专题教育相整合的原则，充分发挥主题教育活动的教育、研究功能，努力使学生在获取基本能力和方法的基础上受到教育。课程是使学生素质得以提升的全部，为此，学校建设不应只关注设施设备等硬件建设，还应关注学科建设和教材开发、学生差异、学生兴趣与需求、校园环境与文化、教学技术、教育手段和方法、教师由内而外的专业素养等方面，让学校的人财物、硬软件都成为学校教育的课程。拥有自己的课程是教育人的理想，教育是需要理想和梦想的，对理想和梦想的追求，需要自己的课程。华师大三附中致力于建设适合学生的课程，从教育理念、学校环境、科目设置、课程组织、教学技术、多元评价等方面做了积极探索，形成了四大课程体系，即学校校本研修课程体系、学校德育教育课程体系、民族文化课程体系、学科拓展课程体系，努力使学生有知识、有文化、有精神、有风骨。

3. 课程化的学生社团使学校更像学校

学校教育就是要使学生的生命激情和青春朝气得以充分展示，学生社团能使学生身体更健康，性格更阳光，才艺更丰富，使学校充满生机和活力。以下分三方面介绍我校的学生社团：

（1）我校学生社团的形成历史。从建校初期的1984年10月学校未名文学社成立，学校有组织、有计划地培育和开发学生社团，现在学生社团有37个，每周固定两节课时间进行社团活动，学生的参与率达到了近90%。

（2）我校学生社团的培育模式。我校的学生社团以形成过程分为两类，第一类是学校特色社团，即学校有一位特长教师领衔的社团，有相对固定的社团章程、活动模式和活动内容，每学期所做的工作只是招聘社长、招募社员。比如，学校的未名文学社、海影社、灵动舞社、唱咏社、书法社、动漫社、羽毛球社等。第二类是学校新生社团，即由一位特长学生发起的学生社团，在每年的新生中通过自我申报、陈述计划和宗旨，经学校审核组成的学生社团。比如，形象设计社、创意社、新闻社、网络动画社、校园植物研究社、石化海滩变迁分析社等。

（3）我校学生社团的课程内容。主要包括社团名称、社团宗旨、社团社员要求和招募程序、社团内容、社团活动形式、社团活动分阶段要求、社团成果要求、社团考核和结业。努力使学生社团以"法"的名义固化在学校教育之中，使学校的发展带有明显的学校特色。

以学生社团课程化作为推进素质教育的重要举措，这其中需要改进和完善的还有许多方面，我们希望通过不断的实践，努力使学生素质得以全面提升。

让民族精神教育渗透到学科教学之中

在学科中渗透民族精神教育是落实《上海市学生民族精神指导纲要》的重要举措，也是深入开展民族精神教育的重要组成部分，我们期待着通过在学科中渗透民族精神教育达到以下四个目的：

一、让我们的教师有较强的民族精神教育的能力和意识

民族精神教育不是简单的口号和空洞的形式，它有具体的内容，这些内容隐藏在各学科之中，渗透在各知识点中。如何挖掘能体现民族精神教育的内容和元素，需要教师有较强的融会贯通和迁移的能力，这种能力是教师专业能力的重要组成部分。事实上，在学科教学中，体现民族精神教育的内容无处不在，如语文学科中的《黄花岗烈士事略序》的教学，从文章本身渗透在字里行间的爱国情，让学生理解、学习先烈们的民族精神，从而树立起为振兴中华而读书的思想和志向，这些都要求教师具有较强的教育意识。

二、让学生具有民族精神，为培养接班人奠定基础

在当今这个开放的世界中，我们一方面要培养学生具有国际精神，要有国际视野、文化包容性；另一方面我们必须使学生具有民族精神，这种精神应体现在国家昌盛、振兴中华及传承文化、做世界的文明人。事实上，民族精神和国际视野不是相悖的，而应是相通的。民族的精髓必是国际文化的组成部分，因而任何民族自卑、任何崇洋媚外都是不可取的。民族精神的教育能让学生更具民族的脊梁，更具开阔的国际视野。

三、民族精神的教育能让课堂更具生命力

枯燥的课堂教学的传授只能让学生成为读书的机器，只有在学科教学中渗透爱国主义和民族精神教育的内容，我们的课堂才具有持久的活力。例如，数学学科教学中《数列》一节的教学，本很枯燥，但如果在教学时增加北宋数学家沈括创立的与高阶等差数列有关的"隙积术"及南宋末期数学家杨辉的"垛积术"，不仅有趣，能提高学生学习的热情，而且培养了学生的民族自豪感。

四、在学科教学中渗透民族精神教育，丰富办学思想

办学思想是一所学校办学成就的体现和保障，让学生具有何种素质，培养学生的何种精神是办学思想的重要组成部分。"二期课改"所要求的让学生具有良好的思想品格和健全人格，要具有国家意识、文化认同和公民人格，这些都丰富了办学思想。教育的本质是培养人，培养怎样的人？民族精神教育就回答了这一问题，要让学生了解国情，自觉维护国家安全，了解民族历史，增强社会责任感，这些民族精神教育的主要内涵有利于我们对学生富有成效的教育。

创新求实谋发展，特色做精铸品牌

现在是一个飞速发展的时代，教育思想更注重人的全面持续发展；教学技术更注重便利和智能。在这样的时代背景下，教育绝不能以不变应万变，教育必须乘势而为，以改革创新的勇气推动学校的发展。现在是一个以人为本的时代，物质生活的极大改善，人们更追求精神生活的满足；学校教育质量的普遍提高，学生更喜欢具有特色的学校。学生的不同需求，要求学校不能千校一面，必须办出自己的特色。经过不断的探索和实践，学校确定未来的发展战略为：创新求实谋发展，特色做精铸品牌。

一、学校开展创新教育、特色发展的基本思想

（一）关于创新教育

自从学校被评为上海市实验性示范性高中以来，华三全校师生积极进取，扎实工作，经过长时间的辛勤耕耘，无论是在学校管理、队伍建设和教育教学，还是在学生的思想品德、行为规范和办学成效等方面都取得了长足的进步。经过一段时间的发展，学校面临着发展的瓶颈问题，遭遇着各种压力，突出表现在以下三个方面：

1. 学生的学习面临压力

由于教育要求的提高，学习基础一般的学生明显地觉得不能适应市重点的学习节奏和学习容量，导致其在学习上要花相当的时间才能达到教学要求。

2. 教师的教学面临压力

由于教学标准的提高，教师必须花大量的时间去研究教材，研究配套的教学资料和练习。同时由于要把一大批学习基础较差的学生提升到能够通过高考这样的选拔性考试，教师也要花相当的时间在个别辅导上，导致教师工作量激增。

3. 学校的发展面临压力

学校现在是市实验性示范性高中，对各项工作的要求全面提高，在原来区重点的基础上，一下成为市实验性示范性高中，无论是在学校的人力、物力、财力上，还是在办学思想、办学标准和师资要求上都存在明显的不匹配和不适应。

为了使学校在新一轮发展中能突破瓶颈，缓解压力，实现学校的高位发展，必须转变观念，创新教育方式和模式。创新教育包括以下三个方面：

1. 学生学习的创新

通过学生学习的创新，实现三个转变，即学习观念的转变，要求学生树立"终身学习，以学为乐"的学习理念；学习习惯的转变，要求学生养成"自主学习，反思实践"的学习习惯；学习内容的转变，要求学生"博览群书，深度学习"。通过学生学习的创新，从而实现我校人才培养模式的转变。

2. 教师教学的创新

"十三五"期间，我们将强化一个理念，即"新有效教学"。它的基本理念是"教师高位，学生自主，师生卓越"，即以高水平的教师来引领学生，让学生主动学习，从而实现我校教师成长发展模式的转变。

3. 学校管理的创新

学校管理的创新包括学校管理队伍的建设、管理制度的完善、管理模式的形成，从而实现学校管理模式的转变。

（二）关于特色发展

学校的特色是基于学校的发展，没有学校的发展就不可能有学校的特色；学校的特色又能促进学校的发展，离开学校发展谈学校特色，学校特色就成了无源之水，无本之木。基于这样的认识，我们将从以下四个方面来培育学校的特色：

1. 努力挖掘一批特色教师

我校教师来源广泛，不同的文化背景有助于博采众长，实施有特色的教学，我们希望以教师的兴趣爱好和特长来培养特色学生。

2. 努力培养一批特色课程

近几年来，我们重新梳理了学校的课程体系，把三级课程和三类课程统整为1个理念，5大模块，27个系列，若干门课程。我们计划培育活动类和实验类的课程，努力以特色课程来培养特色学生。

3. 努力形成学校的特色课堂教学

从课堂的组织形式、课堂的教学设计、课堂的教学模式，到课堂的活动、课堂的练习，使学校的课堂教学既高效，又能使师生享受到教学的乐趣。

4. 努力形成学校的特色管理

特色管理源于学校的严格管理和高效管理，学校计划在科研管理、教研组（备课组）管理、教学质量监控等方面形成学校的管理特色。

"十三五"期间学校选择生物科技教育为学校的特色发展项目，是学校特色发展的一个组成部分，主要基于以下三方面的考虑：

1. 现实发展的需要

由于在创新教育推进进程中，迫切需要建设能满足学生学习需要的实验室，而生物实验室的建设所需费用较少。同时由于我校现有的生物实验室基础较好，有助于学校在生物科技教育上先行一步。

2. 学科特点有助于形成学校的特色教育

生物科技教育涉及学科门类较多，符合金山区中长期教育改革和发展的核心思想"崇文通理，成就人生"，其既能使学生积累文化知识，又能使学生养成良好的动手实践能力。

3. 有良好的学生基础

最近几年由于我校生物学科在教学中取得了较好的成绩，一大批学生在"加一"选科时选择生物学科作为自己今后的专业方向。选择生物科技教育为特色项目，有一大批学生乐于参与，保证特色项目的可持续实施。

二、学校开展创新教育、特色发展的基本做法

我校的创新教育覆盖于学校教育的全部。学校开展了实验项目《"新基础教育"理论指导下的创新人才培养的实践研究》，此项目开展至今所做的工作分为以下三个阶段：

1. 准备阶段

时间从2009年7月至2010年6月，主要做了以下四项工作：

一是制定了《新高一两个创新班方案》的征求意见稿。对全体教职工进行创新教育的动员，主要是统一思想，明确目标和任务，表明创新教育是未来学校发展的重要工作。

二是及时组织学习有关创新教育的基本理论。下发了相关学习培训资料。

三是制定了《华东师大三附中2009学年高一创新班实施方案》。此方案包括课程设置、教学模式、试验成果等八个方面。

四是加强课程建设。重点推出了《中学生逻辑思维课程》和《中学生创新思维课程》两门课程。

2. 课题推进阶段

时间从2010年9月至2012年9月，已经完成的工作有四项：

一是《"新基础教育"理论指导下创新人才培养的实践研究课题实施细则》的制定。

二是认真研读"新基础教育"理论。从中提炼出了"新基础教育"关于创新人才培养的理论表述。

三是研究制定了学校创新人才培养的两类方案。《创新实践班的方案》包括目标要求、课程设置、课堂教学、成果展示；《普通班的方案》包括培养目标、课程设置、课堂教学评价考核。

四是明确了课堂教学中贯彻创新教育的基本策略方法。提出并已经在实践的课堂教学"四问"制度，即今天我积极发言了吗？今天我主动质疑了吗？今天我预习复习了吗？今天我自主学习了吗？

本学期将要完成的工作有四项：一是做好创新人才培养实践研究精品课程的开发，计划把《中学生逻辑思维课程》和《中学生创新思维课程》推荐为区级校本精品课程；二是开展创新人才培养实践研究的课堂展示；三是组织创新人才培养的经验交流活动；四是开展阶段性创新人才培养的学生成果展示活动。

3. 组建金山区光启创新学院华三分院

重点解决以下四个问题：

一是研究资优生、特长生、兴趣生的兴趣爱好和成长规律。

二是整体设计光启创新学院的课程及学制。

三是完善学生的学习经历和学业管理。

四是建设一支创新教育的师资队伍。

金山区光启创新学院华三分院的建设，将紧紧依托金山区创新素养培育实验项目的校际联合体，加强与兄弟学校的协作，在华东师范大学有关专家教授的指导下，组织学生在物理、化学、生物、数学等多个领域的深度学习，以培养学生的创新精神，提高学生的实践能力。

我校的特色发展也包括学校特色发展的全部。现以生物科技教育特色项目为例作一说明：

一是实验室的筹建工作。学校已经制定了《华师大三附中生物学基础实验室建设方案》，包括基础建设和仪器设施及环境和安全等项目，此方案已上报教育局。

二是特色课程的开发。已经确定的重点课程包括3门26个项目。3门课程包括环境科学研究课程、植物组织培养课程和生物医学初探课程。

三是教师队伍的培养。学校将通过现代生物学基础实验室建设，通过多种途径和形式，努力培养一支"精于高考，专于竞赛，乐于实验，勤于钻研"的特色教师队伍。

三、学校在创新教育、特色发展中的困惑和将采取的改进措施

（一）学校在创新教育、特色发展中的困惑

1. 创新教育和特色发展中来自家长和社会的阻力较大

由于创新教育和特色发展要挤占大量的课堂教学时间和学生的业余时间，使学生在基础型课程上的学习时间相对减少，使学生难以应付高要求的基础型学科的学习。如果学生的学习成绩滑坡，那么学校就会面对来自家长和社会的巨大压力。

2. 基础型课程的学习任务较重

学业水平考试的全面实行，使学生忙于应付每年的市统考，没有过多的时间与精力参与创新教育，培养自己的兴趣爱好。原来可以在高一、高二这两年开展全面的创新教育，现在高一、高二也有市级考试的任务，对绝大部分普通学生而言，时间与精力明显不足。

3. 教师在基础型课程中渗透创新教育的能力仍比较薄弱

由于长期的教育实践，使绝大部分教师擅长对学科知识的研究和对试题的研究，对创新教育研究还比较少，导致在课堂教学中只满足于对课本知识的传授，再加上教学进度的制约，使创新教育难以有效落实。

（二）学校在创新教育、特色发展中的改进措施

学校在创新教育、特色发展中的改进措施如下：

（1）加大宣传和教育力度，使全社会认识到创新教育的重要性，认识到特色发展的紧迫性，正确处理好学习和考试的关系。

（2）积极呼吁市教委改进和完善学业水平考试制度，平衡好学业水平考试和高考之间的关系，规范大学自主招生考试制度。

（3）加强师资队伍建设，努力打造一支高水平的教师队伍。通过学校"教师培养三大工程"，培养一批在区内外起示范引领作用的骨干教师。

创新，助推课堂教学的转型

　　我校经过30多年的发展，逐渐形成了较为稳定的教学成效。面对新的高考改革，面对家长的高要求和学生的高期盼，学校发展面临新的压力和挑战。如何变压力为动力，变挑战为机遇，实现学校发展的新突破，我们在苦苦探索。寒假中，读由美国杰夫·戴尔等著的《创新者的基因》，很有感触。学校发展的基础是课堂教学，让学校在更高的平台上有进一步的发展，必须要优化学校的课堂，实现课堂教学的转型，达到此目标的关键是创新。

　　如何创新？《创新者的基因》告诉我们，只要掌握五种技能，就能激活埋藏在体内的创新基因。

一、联系

　　要实现"非同凡想"，必须把尚未联系起来的事物联系起来。这需要四方面的技能：一是知识的储备。大脑拥有的知识越广博，接受新知识时能够建立起来的联系就越多，而这些新的知识所激发的联系，最终就可能形成新奇的想法。教师知识储备越多，教学时就能举一反三，游刃有余。于高中教师而言，对学科的本体知识要做到深、广、透，对教学技术要做到先进、灵活、多样，对学生要做到尊重、关爱、严格。二是善于组合。谷歌的创始人拉里·佩奇将看似不相关的学术文献的引用和网络技术联系起来，从而创建了奇异的组合，最终创建了谷歌。提高课堂教学效率，教师的课堂教学不能一成不变，要组合不同的教学组织形式、不同的知识内容、不同的教学技术、不同的知识传授方法。三是借鉴他人。苹果公司在设计第一款Mac电脑时一度无法找到适合的塑料外壳，乔布斯去了一家百货公司，细致地研究了各种塑料制品，最终从厨具品牌Cuisinart设计的塑料外壳上找到了灵感，提炼出了Mac电脑优良的外壳。

优秀的教师善于在学习和实践中不断学习和借鉴他人的教学经验，并对自己的教学时常优化，从而形成自己的教学品牌。借鉴他人的前提是"走出去"，开阔自己的视野，要研究他人的上课、说课、评课，同时要多看有关的书籍和杂志。当今时代，闭门造车搞教学必然落后。四是经常冥想和思索。给自己时间与空间，让想法慢慢酝酿，会有奇思妙想。教学只有不断思考，才能发现问题，要多从学生的角度思考，学生是如何学习的，在理解上有何困难，能否自主学习，要多从知识的角度思考，知识的难点在哪里，如何突破难点，在解决问题时如何培养学生的学科思维。思考需要时间，我们不能因忙碌而不思考。

二、发问

发问对创新者来说，不是一种时髦的智力游戏，而是一种生活方式。需要四方面的技能：一是提出"是什么"的问题。只有首先揭示现状本质，对现状感同身受，才能提出有用的问题，才能做到对问题的深入了解。教学中"是什么"就是要明白这是一个什么知识，什么问题，这有助于学生知识的建构，形成完整的知识链，更有助于学生明确知识和问题的关联程度，进而正确应用知识解决问题。"是什么"的把握要快、要准，这不仅体现了师生对知识的理解程度，更体现了师生对问题的解决程度。二是提出"原因是什么"的问题。了解问题的原因是什么，只有彻底了解情况之后，创新者才能提出解决问题的新方案。学生不会解决问题的背后原因到底是什么？要彻底了解是学生知识掌握程度不够，还是学生个别差异？是学生解决问题的方法不对，还是学生掌握知识不全、不透？原因要找对、找全，问题才有可能解决，不能一味地抱怨学生。三是提出"为什么""为什么不"的问题。宝丽来的创始人埃德温·兰德在一次和家人度假时，为3岁的女儿拍了一张照片，女儿很想知道，为什么不能马上看到自己的照片，促使埃德温·兰德深入思考"即时"成像技术，最终形成了一款革命性的产品——宝丽来照相机。教学的不足要找原因，为什么有这些原因？是学生的问题，还是老师的问题？是家长的问题，还是学校的问题？四是提出"如果……会怎样"的问题。通过提出一些问题，人为地设置限制，可以迫使人们在限制的边缘思考，从而激发出出人意料的想法。课堂教学有效果，必须在以上三个问题的基础上的进一步发问，如果备课再充分一点呢？如果课堂教学的针对性再强一点呢？如果师生关系再改善一点呢？如果教师的领导力和学生的执行力再强一点呢？如果对部分接受能力稍差的学生再关注一点呢？在教学实践中，有时一个教学行为的改进就会达到意想不到的效果。

三、观察

仔细观察身边的世界，既观察运作成功的事物，也观察运作不成功的事物。需要四方面的技能：一是观察顾客。仔细观察顾客是如何使用你的产品或服务的，试着了解顾客的喜好，寻找会使顾客生活变得更轻松或变得更困难的事物。教师的顾客是学生，课堂教学中要时常观察学生，观察学生在课堂中的表现，观察学生的情感和态度，观察教师的教学行为后学生的反应，观察学生是如何学习的，学习中会暴露出什么问题。善于观察学生，教学才能有的放矢。二是观察公司。选择一家你推崇的公司，尽己所能，找出这家公司所做的一切，以及做事的方式，思考有没有哪些经过改造之后，是可以转用到我们公司或产业内的。对教师而言，观察公司就是观察优秀的同行，选定一位自己信服的老师，观察其教学行为，找出其与众不同点，然后优化改进自己的教学方案。三是观察所有激发想象的事物。每天抽出十分钟，单纯为了详尽地观察某个事物，认真记录观察所得，思考如何才能引申出新策略、新产品、新服务或新的生产程序。教学的有效性是基于教学的五环节，详尽地观察这五环节，就会发现其中有许多不足之处，就会有新的方式和方法去优化和改进，遗憾的是，教师的日常工作太多，以至于每天十分钟都很难抽出，教师几乎没有时间观察教学对象、教学行为和教学方式。四是调动所有感官去观察。观察顾客、公司和其他任何事物的时候，都要调动所有的感官，包括视觉、嗅觉、听觉、触觉和味觉。以真情实感去观察学生，传递给学生的是尊重和信任，学生就会亲其师，信其道，就能实现教学相长。以科学理性的态度去观察教学的各个环节和步骤，能使教学常做常新，教师的工作就会充满智慧与挑战。

四、交际

交际的目的是打开视野，了解新的事物，获得新的观点，实现新的提升，为此要经常开展以下四项活动：一是使交际的网络多样化。列一张名单，写下你想要找出或改进某个新想法时会联系的前十个人。教师在教学中会遇到各种各样的问题，如何解决这些问题，借他人的智慧是一种聪明的做法，有一张求助的网络名单，就能使自己面临的问题有解决的渠道，最糟糕的教学是有问题不解决。二是制订一个交际计划。每周至少计划一次和不同背景的人交流，听听他们对这些问题的看法。智慧是在交流和碰撞中产生的，如何调动学生学习的积极性和主动性？如何精选例题、作业和试题？不仅需要经验，更需要智慧。三是每年至少计划参加两次会议。努力结识新人，了解他们面临的难题和问题，征求他们对你面临的难题和问题的想法与观点。教师要积极参加各种教研活动，要知晓教学改革动态，要了解他人的做法和经验，要学习各种先进的教学技术和教学手段。一位不想交流的教师很难有进一步的提高。四是和专家交互培训。找几个不同职能部门、行业和地理位置的专家，参加他们的培训课程和会议，感受他们的工作和世界。了解不同学科的知识，了解本学科和其他学科的关联点，知晓学科前沿的发展动态，需要教师不断地学习，并不断地与不同学科专家进行交流。

五、实验

美国统计学会前任主席乔治·博克斯注意到，"要想知道一个复杂的系统在被更改过后会如何运转，唯一的办法是更改它，然后看它如何运转"。他因此肯定了实验塑造未来的力量。要增强实验技能，必须开展以下四种活动：一是培养一种新技能。培养一些新的技能或吸收新的知识，能为创新增添新引擎。要使教师的课堂教学充满活力，避免职业倦怠，教师要不断学习新技术，掌握一种新技能。二是拆解一个产品。在家里找一个坏了的物件，找一整块时间，把这个东西一点点拆开，寻找新的见解，看看它们的设计、操作和生产原理，且在笔记本上写下观察记录。一堂课后，教师要拆解这节课，看看各个环节是否需要改进。一项教学活动之后，教师要拆解这项活动，看看还有哪些方面需要优化。三是定期试验新想法。频繁地开展小规模试验，尝试新的想法，看看通过做一些以前从没做过的事情，会有何收获。教师在对课堂教学的分析、反思之后，要勇于实践，看看改进后的教学成效如何，教师如长期坚持这样的实践，课堂教学的成效便会越来越高。四是发现潮流。积极地通过阅读，特别是关注新潮流的书籍、文章、杂志、网站、博客，尝试确定新兴的潮流。作为上海市实验性示范性高中的教师，我们要有自己的教学特色和教学品牌，要在区域内具有引领和辐射功能。

　　我校的课堂教学改革从未停止，有效教学的研究一直陪伴着学校的发展。随着生源的改善和教学要求的提升，教师有明显的不适应现象，解决不适应现象要靠创新，创新思想、方法和策略。《创新者的基因》为我们开阔了视野，给了我们启发，相信在教师们的共同努力下，我们一定会实现课堂教学的转型。

创新教育使教育更美丽

为了增强学生的创新意识，培养学生的创新能力，近年来学校致力于探索创新教育，并把创新教育校本课程的开发与实施作为创新教育的突破点。

一、达成创新教育校本课程开发的共识

"创新"，教师不陌生，"创新教育"，教师也不陌生，可一旦提升到"创新教育校本课程"，教师就会觉得离日常教学很远。如何使全体教师达成共识呢？我们从以下四个方面强化课程意识、转变教师观念：

1. 确定实验项目

《上海市中长期教育改革和发展规划纲要》对高中教育提出了明确要求，即"要坚持特色发展，注重学生自主学习和个性发展，加强创新能力的培养，为学生成长、成人、成功奠定基础"。我们深入学习、反复研究，确定了学校"十三五"发展目标：以"新基础教育"理论为指导，实践学校的实验项目，培育学校的特色项目，全面实施素质教育，全面提升办学水平，使学校真正成为金山人民身边的好学校。基于学校实际，学校的实验项目确定为《"新基础教育"理论指导下创新人才培养的实践研究》。

2. 拟定实施方案

金山教育改革和发展"崇文通理，成就人生"核心教育理念的提出，以及《金山区创新素养培育实验项目"金山计划"》的制定，加快了我校创新教育的实施步伐。为实现学校高位发展，必须创新学校的教育方式和模式，包括学生学习的创新、教师教学的创新、学校管理的创新。为此，学校及时制定了《创新素养培育实验项目实施方案》，并多次开展相关文件的解读与宣传，让华三的每位师生知晓"创新就在我们身边"。

3. 组建华三分院

2011年4月，金山区组建了没有围墙的金山光启创新学院。2011年6月，我校挂牌成立了金山光启创新学院华三分院。组建金山光启创新学院华三分院，是为了研究解决四个问题：一是研究资优生、特长生、兴趣生的兴趣爱好和成长规律；二是整体构建学校创新教育的课程体系；三是培养挖掘一批具有创新潜质的学生；四是打造一支能够实施创新教育的师资队伍。

4. 明确课程开发策略

以光启华三分院为基地，依托金山光启创新学院、金山创新教育校际联合体和华东师范大学的力量，边实践，边积累。在活动过程中，师生合作开发具有学校特色的创新教育校本课程。

二、明晰创新教育校本课程开发的路径

全体教师虽然有了比以往更强的课程意识，但如何进一步明晰创新教育校本课程开发的路径呢？近年来，我们紧紧围绕课程理念，明确目标，坚定信念，大胆摸索，总结出以下四方面颇有成效的开发路径，使我校的创新教育迈出了坚实的步伐。

1. 组建开发团队

开发团队包括组织机构、教师团队和学生团队。在组织机构方面，学校设立金山光启创新学院华三分院办公室，由校长直接分管，专人全面负责课程开发的日常工作。教师团队的组建采取教师申报、学校批准的形式，学校公布了五方面的条件和待遇。学生团队的组建采取学生申报、家长同意、"光启华三分院"确认的形式，学校公布了四方面的条件和要求。

2. 确定课程理念

课程理念包括课程思想、课程策略、课程要求和课程计划。课程思想确定为"激发兴趣，提供经历，适当拓展，提升能力"。课程策略确定为"夯实基础，项目引领，师生合作，自主探究"。课程要求确定为"博学善思，敢于质疑，勇于探索，自主发展"。课程计划以一学年为一周期，由英语、数学、物理、化学和生物等项目兴趣探究小组指导教师根据学生所需拟定，鼓励捕捉灵感，完善计划。

3. 丰富学习经历

创新教育必须开阔视野，用丰富的课程激发学生创新的灵感。学校的图书馆、实验室是学生学习的最好课程资源，是开发学生潜能的基础；华东师范大学是国家重点师范大学，具有先进的设施设备，师大的实验室为学生打开了实验探究的天地；学校所在的区域是国家化工产业的集聚地，上海石油化工股份有限公司是国家特大型化工企业，为学校的创新教育提供了丰富的课程资源。为深入开展创新教育，学校积极寻找创新教育实践基地，先后与上海复旦大学附属金山医院中心实验室、上海浦东大地种苗公司、上海石化科技馆和中国核工业集团秦山核电站建立了长期的合作关系，使学校的课程资源丰富多彩，极大地丰富了学生的学习经历。

4. 积累课程素材

读书是最好的课程积累渠道，学校的创新教室中有各门类的书籍，有的是在网上淘的，有的是在书城买的，还有的是学校图书馆送的，更多的是学员从家里带来的。每过一个阶段，学员们总要撰写读书笔记，交流读书心得。实验探究是创新教育的主要环节，实验课题除了教材上的，更多的是课外资料上的，还有师生自己设计的实验。一个阶段累积下来，学生不仅收获了实验成果，而且对实验室的设施设备应用自如，提高了实验能力。考察体验也是课程积累的好渠道，学生的体验活动既有来自学校与社区的资源，更有来自华东师范大学及上海石油化工股份有限公司的资源。体验活动使学生接触了社会，提高了社会责任意识。汇报展示既是学生对探究成果的展示，又是学生组织和归纳能力提升的机会。汇报展示包括校内和校外的展示，面向家长和专家的汇报，还有生生、师生互动的交流。

三、推进创新教育校本课程的深入实施

在校本课程开发与实施的过程中，更多的是教师自身价值的体现，我们深感拥有了更多课程开发的自主权，但同时也肩负了一份沉甸甸的责任。如何进一步推进创新教育校本课程的实施？如何形成具有我校特色的创新教育系列校本教材？回首从无到有的四个探索阶段，我们艰辛无比，却又深感欣慰。

1. 记录创新教育点滴

第1期《诞生与起步》、第2期《坚持与成长》、第3期《突破与回首》、

第4期《反思与展望》、第5期《热情与激情》……由华三分院创编的期刊，图文并茂，不断记录华三学子创新活动的真实感言、华三教师创新教学的真实画面。期刊里有学校创新教育走过的每一个成长足迹，包括项目启动、分院揭牌、颁发聘书，课题研究、动手实验、外出考察、标志设计、低碳倡议、项目汇报，互动交流、专家来访、成果展示等。

2. 充实创新教育内容

由各学科指导教师参照学校创新教育的课程指导思想，潜心研究学员需求，编写辅导讲义，设计实践方案，开展课题研究，汇总探究成果。创新教育期刊中的各学科创意实践活动记录，经教师们不断反思与实践、充实与细化，逐渐形成了厚厚的资料汇编。当第二期学员再次加盟时，不少辅导讲义得到了二次开发。

3. 打磨创新教育校本教材初稿

为了让各学科兴趣探究资料的汇编更具生命力，我们争取了更多课程专家团队给予我们的及时帮助。在金山区教育局、金山教师进修学院领导和专家的关心与指导下、学校科研室等部门的支持与协助下，教师们放弃了业余休息时间，将已有的讲义不断条理化、系统化，并逐渐形成了校本教材的初稿。这些初稿凝聚着主编教师的心血，十分不易。

4. 形成创新教育校本教材

创新教育校本教材的形成，无疑是学校教师最大的动力。校长亲自作序《为了学生，我们正在探索》，并精心指导、及时修改了每门学科教材的使用说明和后记。科研室主任对校本教材的体系、内容和形式进行了全面规整。同时，我们还邀请了华东师范大学顾问审查把关，重点把关教材的科学性问题，年事已高的顾问对这套教材的认真斟酌，已超越了科学的范畴，体现了顾问们对学校工作的真诚相助。

四、形成创新教育校本课程的评价机制

我校的课程建设虽然已有起色，但如何形成我校创新教育校本课程系统的评价机制，既促进全体学生创新素养的共同提升，又有利于资优生、特长生、兴趣生的个性发展，任重而道远。近一年来，我们主要从以下三个方面展开了探索：

1. 突出评价的导向性功能

为了有序做好创新教育，我们对参与创新教育的学生提出了三方面的要求：首先是品德高尚，热爱学习，具有刻苦的钻研精神和坚忍不拔的学习毅力；其次是喜爱探究，乐于实践，能充分发挥自身某一方面的爱好或特长；最后要遵守学习纪律，积极参与项目兴趣探究小组的学习和活动。因而对创新教育校本课程的评价也围绕这三方面展开。

2. 坚持分类评价的原则

由于创新教育实施的多形式和多模式，决定了对创新教育校本课程评价的多样性。对活动类课程注重学生主动参与的评价，对知识类学习课程注重学生掌握程度的评价，对研究类课程注重学生研究过程的评价，对实验验证类课程注重学生规范性的评价。

3. 强化校本课程的过程性评价

由于创新教育校本课程的开发与实施是在摸索中进行的，因而学校十分重视过程性评价，其中包括对教师教学的过程评价，对学生探究学习的过程评价，对创新教育所有活动过程的评价，对学校为学生提供所有学习经历的评价，对创新教育校本教材使用过程的评价。

创新教育蕴含了教育的智慧，体现了教育的美丽。创新教育校本课程的开发与实施对教育人充满了挑战，我校将在前期校本课程的开发与实施的基础上，进一步完善制度，梳理总结课程实施过程，在课程的系统性和科学性上下功夫，努力构建符合学校办学理念的创新教育课程体系，为学生的特色多样发展提供适合的课程选择，我们将不懈努力！

创新教育，需要创新

《上海市中长期教育改革和发展规划纲要（2010—2020）》明确提出高中教育要激发学生的创新意识和实践能力。为了落实纲要精神，我校于2011年成立了金山光启创新学院华三分院，全面规划和实施学校的创新教育。

一、我们对开展创新教育的必要性有了新认识

当传统教育一统天下时，我们必须清楚为什么要开展创新教育。除了相关文件规定要开展创新教育外，我们更有三方面对开展创新教育必要性的新认识：

1. 学校的责任和使命要求我们开展创新教育

我校是上海市实验性示范性高中，学校办学承担的一项重要教育任务是为国家培养人才。当今的人才不仅需要具备扎实的学科基础知识，更要掌握科学研究的基本方法，解决钱学森之问，不能固守传统的教育模式，我们必须要开展创新教育。

2. 解决学校进一步发展的困难要求我们开展创新教育

我校经过持续发展，尤其是近几年的快速发展，学校面临着进一步发展的瓶颈，高原现象明显。但现在，无论是社会和家长对学校的办学期待，还是学校自身的内部管理，尤其是学校教育教学的策略和方式，都面临着挑战，突破学校进一步发展的障碍，创新教育是一条重要的途径。

3. 教育改革要求我们开展创新教育

新高考改革制度的颁布，要求我们培养的学生必须具有很强的获取知识和提出问题的能力。培养学生获取知识的能力，仅仅靠教师在课堂中讲解、传授远远不够，需要学校给学生提供丰富的学习经历，让学生自主获取知识；培养学生提出问题的能力，仅仅靠学生完成老师布置的作业根本不够，需要教师为学

生创设探究问题的情境，在优化解决问题的过程中，提出新的问题。认识了开展创新教育的必要性，有助于我们有毅力克服在开展创新教育时遇到的各种困难。

二、我们对创新教育的概念有了新界定

要让创新教育持续开展，我们必须要搞清楚什么是创新教育。专家、学者对创新教育肯定已经有了明确的论述和界定，但我们对创新教育的理解是：根据学生的兴趣爱好，采用探究式的教学方法，以课题或项目研究为主要形式，在关注学生探究的整个过程中最终形成探究成果。之所以这样界定创新教育，是因为我们有如下三方面的考虑：

1. 为了纠正搞创新教育的一个错误认识

在一段时期内，我们推动创新教育举步维艰，一个重要的原因是教师们总认为搞创新教育学生必须有大量的知识储备，必须要学有余力，而我校的学生无论在知识的储备还是学习能力方面都不具备搞创新教育的基础。现在对创新教育的界定不需要学生事先学习大量的知识，只要学生有兴趣爱好，事实上无须等到学生什么都会了才开展创新教育。

2. 我们的创新教育是让学生从中学到知识

我们界定的创新教育有别于传统教育，传统的教育可能侧重于用知识解决问题，而我们所实践的创新教育可能更偏重于在解决问题的过程中学习知识，在实践和探究中遇到新问题才引导学生去学习相关知识，提升了学生自主学习的能力。

3. 我们的创新教育有明确的问题导向

我们把创新教育聚焦在对学生感兴趣的课题或项目探究上，不泛泛而谈，同时我们对创新教育的最终评价也聚焦在探究成果的展示和汇报上，不面面俱到。有了这样对创新教育的理解和界定，使学校开展创新教育具备了条件和基础，使教师们开展创新教育有了着力点，能够引领学生有持续的动力去探究自己感兴趣的问题，从而实现创新教育提升学生创新意识和实践能力的目的。

三、我们对实践创新教育有了新举措

为了更有效地开展创新教育，我们在前期探索和实践的基础上，采取了以下五条新举措：

1. 制定和完善各项目探究小组的实施方案

实施方案包括探究目标、探究内容、探究方法、探究过程和探究评价五方面的内容，保证各项目探究小组能按时、按探究内容做好创新教育。

2. 重新修订各项目探究小组的课程标准

为了规范各项目探究小组的活动，学校以课程的要求有序推进学校创新教育的组织和实施，探究项目小组的课程标准包括探究的理念和思路、探究的内容和要求、探究的保障和成果三方面的要求，努力保证科学、规范、有序地推进创新教育。

3. 以章节要求设计好每次探究活动

为了使学校的创新教育能不断积累经验，学校十分强调对每一次探究活动的设计，并且保证探究活动的连贯性，最终形成一整套学校创新教育的校本教材。

4. 为学生探究活动提供适合的实验条件

近年来，我校在市、区教育部门的大力支持下，已经建设好了如天文探究创新实验室等满足学生开展探究活动的实验室，近期将新建化学探究创新实验室和生物探究创新实验室，继续为学生的科学实验搭建平台，创造条件。

5. 进一步拓展教育资源

在创新教育的实践过程中，我们深感学校设施设备的更新远远赶不上学生探究活动的需求，希望依靠学校的实力建设好完整的创新实验室是不可能的，事实上也不必要。解决学校各类实验室缺少的问题，唯一的途径就是充分利用社会资源。我校具有得天独厚的条件，三方联合办学，使我们拥有了华东师范大学的资源，华东师范大学的实验室为学生的探究活动提供了便利，上海石油化工股份有限公司的石油化工研究所为学生开展化工科技的探究活动提供了条件，近期学校又和国家重点装备企业上海蓝滨石化设备有限公司签订了合作办学协议，为学生了解国家装备制造业提供了渠道。

四、我们开展创新教育取得了新成绩

在金山光启创新学院华三分院办公室的努力下，我校的创新教育在不断完善和优化，主要体现在以下三个方面：

1. 创新教育的探究创新项目小组在不断壮大

学校原有四个探究创新项目小组，分别是数学探究创新项目小组、物理探究创新项目小组、化学探究创新项目小组、生物探究创新项目小组，探究创新项目小组的负责人分别是吴伟明老师、叶董军老师、许健老师、李超老师、王兰桢老师、刘亚中老师，本学期又增添了天文探究创新项目小组，由我校地理教研组的马志龙等老师负责实施，又为部分对天文研究感兴趣的学生提供了一个探究的渠道。

2. 课题的成功申报，让创新教育进入了一个新阶段

由学校申报的《"成事中成人"的科技创新教育实践研究》课题被华东师范大学正式立项，成为2015年华东师范大学附属学校的研究课题，该课题的成功申报，表明学校的创新教育又进入了一个新阶段，我校的创新教育从点到面、从顶层设计到具体实施均在华东师范大学领导和专家的指导下有序开展。

3. 学生的"四小"工程初见成效

我们十分注重学生的"小论文、小课题、小制作、小发明"，在教师们的精心指导下，探究创新项目小组的学生在研究的信心和能力上都有了提高，已有不少学生获得了市级或市级以上的比赛一、二、三等奖，其中刘瑞鸿同学的小制作"厨房垃圾处理容器"获中华人民共和国国家知识产权局颁发的专利证书，小课题"智能移动式节能灭蚊灯的研究"荣获金山区创新素养小课题评审一等奖；由刘亚中老师指导、黄紫云同学研究的"苯乙烯对细胞成长影响的实验研究"受到了专家们的好评；由李超老师指导、陈屿同学研究的"家用空气清新剂的利弊调查研究"在区第二轮创新小课题项目评比中获二等奖。以下是我校部分学生的"四小"课题（项目）：

部分学生的"四小"课题（项目）

序号	"四小"课题（项目）	课题（项目）组组长
1	智能移动式节能灭蚊灯的研究	刘瑞鸿
2	探究物体形状对抗压能力的影响	顾佳伟
3	学校教室窗户隔音效果的研究	汤子安
4	探索垃圾分类和处理的改进方案	徐雨舟
5	学生课间零食消费状况的调查研究	高依婷
6	关于我校师生使用餐巾纸情况的调查研究	田黄石
7	食品包装中干燥剂的秘密	田黄石

续 表

序号	"四小"课题（项目）	课题（项目）组组长
8	废旧电池渗出液对火龙果种子发芽率及幼苗生长的影响	赵佳佳
9	学生视力下降相关因素分析	姚又姗
10	鸡鸭混养对鸡产蛋量影响的研究	孔庆余
11	正多边形及正多面体连其所有对角线规律的探究	叶 帆
12	三角名的由来	顾青蓝
13	金山区水质污染现状调查及应对策略	朱依蕊
14	家用空气清新剂的利与弊	陈屿珏
15	茶饮料中的食品添加剂种类调查	徐芷娴
16	食用废弃油巧制肥皂	冯怡雯
17	喷泉集锦	吴思浩
18	化工厂附近空气成分研究	白新育

五、我们开展创新教育有了新体会

我校成立金山光启创新学院华三分院是为了试点创新人才的培养工作，为学校全面推进创新教育积累经验，近年来的实践使我们有以下三条新体会：

1. 创新教育需要创新

创新教育是一项全新的工作，没有现成的经验可以借鉴，需要打破传统的思维模式，需要学习新的知识和新的技能，需要和学生共同探究和实践，做好这些工作必须要创新，以创新的思维和方式才能做好创新教育。

2. 创新教育必须要有奉献精神

我们所实施的创新教育主要是通过给学生提供学习经历，让学生对自己的特长和潜能有一个基本的认识，从而为学生的专业选择提供依据，这样的教育很难用一个定量的指标来对教师们的工作作一个客观的评价，因而这样的工作没有奉献精神是很难持之以恒的。

3. 创新教育需要得到大家的共同支持

经验告诉我们，一项工作要取得成效，除了工作者自身的努力外，还必须得到大家的理解、支持和建言献策，我们十分期待学生、家长和社会能够对学校的创新教育给予大力的支持。

今年高考语文的作文题很有意味，要求我们处理好心中坚硬和柔软的东西，成就和谐的自我。创新教育需要有一点坚硬的东西，创新意识和实践能力不会一蹴而就，需要我们付出百折不挠的努力和坚韧的毅力；创新教育需要有一点柔软的东西，善于沟通能让我们调动更多的教育资源，善于变通能让我们少走弯路，善于激励能让我们吸引更多的学生；创新教育更要坚硬和柔软并举，我们要把握好坚硬和柔软的时机和分寸。该坚硬时坚硬能让我们再上新台阶，否则我们会半途而废，失去先机；该柔软时柔软能让我们海阔天空，否则我们会一筹莫展。我校创新教育可能就是修炼坚硬和柔软的过程。

包容特色，完整教育

近日读《现代教学》杂志第249期的两篇文章，一篇是《奚天敬：科技创新，活化物理教学》，另一篇是《发展科技教育特色》。前一篇介绍中学高级物理教师奚天敬，几十年如一日，形成的"见物识理，以物教理，制物证理"的教学模式，从自制教具起步，到今天建立全市最具特色的创新实验室，对培养学生的科技兴趣起到了极大的感染和熏陶作用。后一篇介绍上海市南洋中学依托奚天敬老师的科技教育，形成的"情境激趣，指导实践，引导探究，领悟体验"的"设境导学"科技教育模式，将科技教育同日常教学和课外活动相结合，有效地实现了课堂教学和课外活动的教学目标，培养了学生的科技兴趣，提高了学生的科技能力。

一、三点感受

细读这两篇文章，至少有以下三点感受：

1. 教师要有理想

奚天敬老师相信两句话，一句是他自己的，"教师不学习，不进取，教育就不会发展"，他把教育的发展定在教育工作者的学习与进取。想想也是，如果教师都不学习、不进取，便不可能培养出善于学习、努力进取的学生。这句话实质上是对教育工作者的底线要求。另一句是德国一位教育家的名言，"一位差的教师廉价奉送真理，一位好的教师叫人发现真理"，为了做一位好的教师，奚天敬不仅动手制作教具、实验器材、编写教材，还指导学生课余科技创作，组织科技竞赛，撰写科研论文。

2. 学校要有特色

上海市南洋中学是首届上海市科技教育特色学校，这个特色是由内而外的。内，体现在把科技教育渗透于学校教育教学各个方面，以其独特、优质、稳定的教育特征，彰显了学校的办学特色；外，体现在学校的环境布置，"自动水能利用示范水车"和"鸟语花香"太阳能石英钟等以太阳能系列为主的一系列校园科技景点，营造了良好的学校特色氛围。这样的学校就不会千篇一律，此时的教育就不可能同质化。

3. 学生要有特点

培养的学生要有特点，离不开教育的两个基本要素，一是教师（或者父母）。也就是教育者必须要有理想，要有自己的一技之长。上奚天敬老师的课是一种期待，只要他一进课堂，学生的眼睛就会齐刷刷地盯着他的上衣口袋，而奚老师也从不会让学生失望，总能从那神奇的口袋中取出一些东西让大家新奇一番，因而学生都称奚老师为"课堂魔术师"。好的教师就能吸引学生，激发学生的学习兴趣。二是学校（或者家庭）。学校要有正确的办学思想，能为教育营造良好的环境和氛围，学生置身于良好的校园文化中，就会潜移默化，耳濡目染。具备这两个基本要素，培养出来的学生不可能没有特点。

我们学校2011年首次被评为金山区科技教育特色学校，这是学校发展到一定阶段的必然。分析这个必然，因为我们初步具备了科技教育的基本条件。

（1）师资

物理组以饶凤英老师为核心的科技教育师资队伍正在成长和形成，饶凤英老师正在不断发动全组教师从自制教具开始，引导物理组的青年教师不断学习、不断进取，走的就是当初上海市南洋中学的特色之路。许建老师先行一步，白手起家，带学生跑朱泾，硬是捧回了科技教育特色学校的金字招牌，实属不易。

（2）条件

过去学校办学经费紧张，有限的公用经费只能添置粉笔等办公用品，现在能为科技教育提供一点经费，学校的科技教育就能起步，华三的教师有"给点阳光就灿烂"的秉性，我们要鼓励积极进取的教师，尽可能为科技教育提供必需的条件。

（3）学生

过去学生学无余力，应付高考已力不从心，其他教育更是奢谈，现在我们有一批学生在科技学习方面有兴趣，再加上我们有光启华三分院的教学基地。2011年学校冒出了一位刘瑞鸿同学，在市"明日科技之星"预赛中进入决赛，刘瑞鸿同学在预选中面对大学专家、教授的考问，沉着应对，展示了华三学生的风采。

二、做好以下三件事

成就奚天敬这样的老师，培育上海南洋中学这样的特色，我们要做的工作还有很多，当务之急我们要做好以下三件事：

1. 形成氛围，达成共识

任何特色项目的形成都需要一个过程，这个过程需要全校上下统一思想。学校唯学科教学，唯考试分数，只能使办学之路越走越窄。而学校要培育各类特色项目，在一定的时间内，无论从思想导向，还是从经费保障，肯定要有所倾斜。所有教工必须要有包容之心，因为这是学校教育的组成部分，我们是在做完善教育之事，否则我们不可能出像奚天敬这样的教师，因为评论的人可能要葬送做事的人。

2. 形成常态，建章立制

刚起步之时，可能有点杂乱无序，甚至一时要付出学费，这是从无到有的必然。但有意识地完善，及时记录工作的决策过程和结果，形成常态化的工作程序，这是科学化工作的要求。对管理者而言，工作要有前瞻性；对具体工作的同志而言，要有规范工作、合理取酬的意识；对其他同志而言，要有欣赏宽容之心，因为都在为学生的成长而工作。但一个阶段之后，必须建立制度，做到规范科学。

3. 整合资源，循序渐进

特色的形成不可能一蹴而就，需要一定的条件和时间。就一所学校而言，不可能条件齐全，尤其是教师不可能人人都有特长，因而发掘学校内部的潜力，充分调动学校教师的主观能动性是一方面，另一方面必须充分整合各种资源，区教师进修学院有各种人才，可以求得教研员的支持；区青少年活动中心，有身怀绝技的辅导员可以充分依托；石化社区也有各类人才可以为我所用。当然，这些资源的利用需要调动学校各方面的力量，包括家长的力量，同时也需要相关的费用予以配套，但有一点必须明确，所有资源的使用必须以学校为主，学校如果没有相关教师的积极参与，外部资源的利用便不可能长久，因而循序渐进至关重要。

从上海市南洋中学成功的科技教育案例中，我们可以得出结论：特色需要包容，需要支持，更需要培育。唯有如此，学校的教育才能完整，学生的发展才能全面。

有了爱就有了一切

看了由顾燕文老师担任班主任的高二（1）班的班级日志，首先想起了冰心老人讲过的一句话："有了爱就有了一切。"教育是一项以尊重换尊重，以心灵对心灵，两代人的生命共成长的事业，而班主任工作能起到影响学生一辈子并能促使学生幸福一生的作用。顾老师之所以能让高二（1）班的全体学生焕发生命活力，并能以身在高二（1）班为荣，看了"日志"，我找到了以下三点缘由：

一、缘于顾老师的爱

《同学们：我想对你们说……》一文，字里行间，充盈着教师的一颗师爱之心，无论是"我的感受——我想做你的朋友"，还是"我对你的批评——不代表我讨厌你，恰恰说明我喜欢你"，更是表达了顾老师"我愿意用我的心来理解你们"。教育是以爱为基础和前提的，唯有爱才能让我们看到学生可爱，才能容忍学生暂时的幼稚和不足，才能有更多的智慧让学生规范。教师只有以爱满天下的风范，才能融入学生生命成长的历程之中，才能赢得社会的尊敬、学生的爱戴。这正如孟子所言："爱人者，人恒爱之；敬人者，人恒敬之。"

二、缘于顾老师的言

语言是教师对学生施以教育的重要工具，教师语言的准确性、简洁性、科学性、激励性、震撼性和可检验性永远是教师给学生有效教育的必要条件。《听班主任的话》这一栏目，尽管只有一两个亮点，但把班级中出现的问题全部点明，让全班学生明确了班主任老师对学生的具体要求。每周一两句话的提

171

醒，日积月累，学生就能出落得阳光、富有学生味。顾老师表扬学生的话真诚而恰到好处："我们的大班长、纪律委员以极高的效率和极大的热情参与了住宿生的元宵文艺晚会，为（1）班争取了荣誉和声誉。"既表扬了当事学生，又进行了班级集体主义教育。顾老师批评学生的话不刻薄，但入木三分，发人深省："你的穿戴不整齐，使得那么多同学的努力付出都成了零——100−1＝0。"既使学生认识到了错误，又使学生陷入了深深的内疚，这样的教育能不产生效果吗？这正如荀子所言："与人善言，暖于布帛；伤人之言，深于矛戟。"

三、缘于顾老师的行

以身作则，重于身教，是教师具备良好教育效果的必然要求。一位优秀的教师除了具有扎实的专业功底、多样的教学方法、无私的奉献精神之外，必有一个共同的特点，那就是："要求学生做到的，教师必先做到。"早读课学生都能齐刷刷地朗读课文，不仅缘于学生的自觉，更重要的在于教师也身在其中；午间答疑学生都能静悄悄地看书做作业，也不仅缘于学生的自觉，同样重要的是教室里有教师的身影。因而要求学生戴校徽，服饰整洁，教师当然要起到榜样作用，这种榜样就是一种标准，就是一种积极向上的校园氛围。顾老师虽然身材娇小，但站在学生面前，就是一位教师的形象，言谈举止、服装修饰都具有教育的功能。这就是高二（1）班的班级"日志"能成为师生间沟通的桥梁，并且成为教育学生的一个很好平台，而不是班级师生负担的一个原因。从学生在"日志"中所写的言语中，我们分明已看到了高二（1）班的"日志"已成了学生校园生活的组成部分，这与顾老师亲自写、亲自做是密不可分的。这就是李贽所言的："动人以言者，其感不深；动人以行者，其应必速。"

2007年2月25日，学校举行"三心教育班主任论坛"，顾老师把班级"日志"交给我，希望我能为高二（1）班的班级日志写点什么。在认真阅读了"日志"之后，我感动于高二（1）班全体学生的认真、正气和向上，感动于高二（1）班全体任课教师的敬业、宽容和智慧，更感动于高二（1）班班主任顾老师的执着、慈爱和睿智。原打算为高二（1）班的学生或"日志"写点什么，但都觉得不妥，因为学生都是由教师的教育而逐渐成长的，"日志"也只是教师给予学生成长过程中的一根"拐杖"，因而就有了上述的"爱""言""行"。我想，一位教师如果有了一颗爱学生的心，又有自己的实际言行，那么即使再难教的学生，我们也会有收获。苏联教育家苏霍姆林斯基的一段话，重温它仍有启迪："在每个孩子心中最隐蔽的一角，都有一根独特的琴弦，拨动它会发出特有的音调，要使孩子的心与我讲的话产生共鸣，我自身需要同孩子的心弦对准音调。"这根独特的琴弦，可能就是"爱"。

云人文，学无界

　　《远帆》是学校的校刊，也是华三人文书院的院刊。《远帆》的诞生缘于华三人文书院的成立。成立华三人文书院酝酿了很久，这是因为自2011年6月学校成立了光启创新学院华三分院，学校的创新教育终于走出了困境，为一大批学生拓宽了学习渠道，激发了探究兴趣，提升了学生的学习能力。在这样的背景下，就萌发了要为学生再搭建一个平台，努力提高学生人文素养的念头。2013年4月华三人文书院终于成立，使学校教育更完整、完善和完美。

　　人文教育在华三是有传统的。1984年学校创建之初，就成立了未名文学社。取"未名"，有意犹未尽之意，希望师生在文学社中，以书为伴，驰骋千里。1997年金山撤县建区，学校是区文科教学实验基地，一段时期学校的文科教育富有成效，涌现出一批文学爱好者。2007年学校创建成为上海市实验性示范性高中，坚持把"新基础教育"理论作为学校办学的指导思想，努力让教育体现生命性、未来性和社会性。教育的生命性核心内容是人文素养，要求学校培养的学生能敬畏生命，纯洁心灵，具有正确的价值趋向和行为准则。华三人文书院的正式挂牌成立，赋予学校人文教育以新内涵。

　　华三人文书院的基本理念确定为"云人文，学无界"。此理念有以下三层含义：

　　一是营造人文环境。通过校园环境布置和学校各项教育活动，使学校具有浓厚的人文环境氛围，用环境潜移默化学生。

　　二是养育人文师生。让学校师生不仅学识渊博，而且言行高雅，体现市实验性示范性高中师生的精神面貌。

　　三是提升人文境界。努力使学校师生志趣高远，精神富有，追求卓越。

　　华三人文书院的课程目标是"拥人文知识，育人文精神，成人文学子"。

人文书院的课程拟设置五大模块，包括自读自研自我修炼模块、体验探究行百里路模块、演讲思辨聆百家讲堂模块、参与实践奉献社会模块、兴趣志向成一家之言模块。人文书院课程实施的模式是"坐而论道，形散神聚"。人文书院课程的评价是"自主、多元、发展"。

办一份校刊，也是学校多年的期望。学校编过校刊——《教育的视界》，现在翻看很有历史的沧桑感，老校长、老书记和教师们的寄语、感悟让我们记住了学校的历史；《家校桥》也算是一本校刊，正如刊名，起到了学校与学生家庭之间的桥梁和纽带作用，让家长了解学校，让学校服务学生家庭。今天的《远帆》不仅要担当起校刊的重任，而且要成为学校人文教育的组成部分，同时要记录华三人文书院丰富的内涵和发展的足迹。

取名"远帆"，寓意学校的发展要劈波斩浪，永远向前，体现全校师生做好教育的坚定决心，蕴含华三人办学的"意志、追求和精神"。华三人办学的意志坚定，不管办学硬件条件，还是生源基础，全身心做教育，使学生优秀；华三人办学的追求执着，我们要办上海市有特色、有美誉度的市实验性示范性高中；华三人办学的精神不凡，我们推崇"大气睿智，境界高远，追求卓越"的学校精神，因为学校是"985"大学的附中，我们不能不优秀。《远帆》要反映华三教师的育人风采，因而我们要把自己教书育人的经验体会奉献给《远帆》，要让《远帆》生生不息，充满活力。

取名"远帆"，也寓意着华三的学子经过三年高品质的学习，从华三扬帆起航，驶向更远、更广阔的空间，去实现人生美好的理想。远帆前要做准备，华三学子要做好六项准备，才能鸣笛扬帆：思想品德高尚是远帆的前提，行为习惯规范是远帆的基础，学习方法科学是远帆的保障，组织能力出众是远帆的法宝，心理性格阳光是远帆的关键，身体素质健康是远帆的根本。这六项准备，实质是学校育人的六项标准，华三学子应能做好。《远帆》也要记录华三学子成长的点滴微光，《远帆》属于学生，因而学生要呵护好《远帆》，多为《远帆》投稿，让《远帆》与我们共成长。

"云人文，学无界"是一种愿景。云，云游也。读万卷书，行万里路。人文是"读"出来的，靠日积月累，我们提倡"静心读书，专心品书，潜心成书"。当然，"云人文"还借用了IT行业中云计算的概念，我们要让人文"云"起来。无界，没有边界也。学无止境，学海无涯。人文知识浩如烟海，人文精神博大深远，我们提倡"培养兴趣，自主学习，拓展境界，提升素养"。同样，"学无界"也借用了互联网中的术语，让学习无处不在，无时不有。

华三学子，我们该"远帆"了。

从重视记忆到重视思考

随着教育改革的深入推进，尤其是上海市高考新政的深入实施，要求学科教学更加注重学科思维能力的培养，引导学生能用所学知识解决实际的生活问题，并从实际的生活问题建构出新知识，这对师生而言均是巨大的挑战。近期，读由华东师范大学出版社出版、钟启泉教授编著的《对话教育：国际视野与本土行动》（以下简称"著作"）一书，其中对"学力"的研究，引起了我的思考。

一、著作对学力有以下四种解释

（1）构成一切学习之基础的"三基"（读、写、算）的基础学力。

（2）构成各门学科学习之基础的作为教育内容的基础学力。

（3）作为国民教养之基础，至少在义务教育阶段之前需要共同掌握的教育内容（最低限度水准）的基础学力。

（4）学力结构（知识、理解、问题解决学力、兴趣、态度）之中作为基础部分的学力。

二、著作对学力的培养给出了两点建议

（1）通过个别辅导、小组辅导、分层（根据理解水平与熟练程度）辅导等过细的措施，扎实地掌握基础知识、基本技能。

（2）在综合学习和分科学习中，充实观察、实验、调查、研究、发表、讨论等体验性、问题解决性学习，培养包括学习的积极性和思考能力在内的"扎实的学力"。

三、著作对学力的培养给出了两条目标要求

（1）要实现从"灌输知识的教育"向"自主学习、自主思考的教育"的转型，强调学生的问题设定能力和解决能力，以及创造性与个性的培养。

（2）要实现从"重视记忆到重视思考"的巨大转型，这种转型并不全盘否定整个教育活动。思考问题的时间比记忆知识的时间增多了，并不意味着轻视知识。在思考的作业中，当然的前提知识是重要的，倘若不从质与量两个方面来保障教学内容的水准，思考本身的质量自然是低下的。

四、培养学生自主学习能力和学科思维能力五方面的思考

为全面提高办学质量，培养更多优秀的学生，近期，我校提出了全面培养学生自主学习能力和学科思维能力的教育要求，结合钟启泉教授的著作，对培养学生自主学习能力和学科思维能力有以下五方面的思考：

1. 自主学习能力和学科思维能力是学力的重要组成部分

分析著作对学力的四种解释，自主学习能力和学科思维能力从属于（4），包括主体性和功能性两方面。学习的主体必然是学生，所有的学习活动只有通过学生才能起作用，学习的发生取决于学生内在的学习动力，自主学习能力体现了学力的主体性；学习的目的是解决问题，在知识和解决问题之间需要建立一座桥梁，这座桥梁就是解决问题的模型，这种模型的建立有赖于学科思维，学习的成效取决于学生的学科思维，学科思维能力体现了学力的功能性。

2. 自主学习能力和学科思维能力是学力培养的重要方面

分析著作对学力培养的两条建议，实质给出了学力培养的两个层次和两条途径。自主学习能力不会无缘无故地具备，必须有一定的学习基础；扎实的基础知识和基本技能也不会无缘无故地产生，必须通过一定的学习渠道才能获得，通过个别辅导、小组辅导、分层（根据理解水平与熟练程度）辅导等过细的措施，才能让学生扎实地掌握基础知识、基本技能。学科思维能力只有在分科学习中才能培养，在观察、实验、调查、研究、发表、讨论等体验性、问题解决性学习中，才能建立起解决问题的模型，获得学习后的成就。

3. 自主学习能力和学科思维能力是学力培养目标要求的重要内容

分析著作对学力培养的两条目标要求，自主学习能力和学科思维能力是实

现两种转型的重要目标内容。学习的过程就是一个学会学习的过程，在一个知识层出不穷的时代，学习已有的所有知识已不可能，具备自主学习的能力，让学习需要学习的知识成为可能。自主学习能力犹如学习上的"引擎"，强大的引擎能为学生学习提供不竭的学习动力。学会学习的过程就是一个不断思维的过程，培养学生具有学科思维能力是学科教育的重要任务，学生对学科知识的理解程度、对学科知识的应用程度，都与学科思维能力的高低有关，培养学生学科思维能力是授之以渔的教育。

4. 自主学习能力和学科思维能力的培养是教师的重要责任

自主学习能力的培养截然不同于传统的知识传授，传统的知识传授只要遵循知识产生和发展过程的逻辑就能传授好知识。自主学习能力的培养，教师必须借助于教材和各种方法唤醒学生对学习的自主性，使学生感到学习是快乐的，学生如果缺乏学习的自主和学习的兴趣，教师必须要担负起责任，教师不能把这种责任转嫁给学生或家长，要培养学生自主学习能力，教师要做出锲而不舍的努力。学科思维能力的培养也不同于知识传授，是知识传授的更高层次，要求教师在对知识通透理解的基础上，能够应用知识解决实际问题，并且在解决实际问题的过程中能够获取新知识，这种能力学生很难轻易获得，需要教师的点拨，这需要教师的智慧，更需要教师的责任。

5. 从重视记忆到重视思考是教育变革的本质问题

教育需要重视记忆，因为记忆能建立学习基础，只有扎实的学习基础，学习才能不断继续、深化，我们不能放弃重视记忆的教育。但我们的教育绝不能停留在重视记忆的阶段，因为掌握知识不是教育的目的，教育的目的是解决现实生活中的实际问题，让人们的生活更美好。当今教育改革，无论是教育理念的变革，还是教育教学改革的推进，抑或是高考制度的改革，聚焦的都是人的个性发展和全面发展。人的个性发展强调教育要适合学生，因而要为学生提供个性化的课程，适合学生的课程才能激发学生学习的激情，才能让学生有比较强的自主学习要求；人的全面发展强调教育要引领学生，使学生具备基础学力并且能保障学生的后续学习，这是教育的基本职责，因而要在学科教学中渗透学科思维，进而培养学科思维能力就成了重视思考教育的根本任务，我们要在重视记忆的同时，更加重视思考，这是教育改革的方向。

钟启泉教授的《对话教育：国际视野与本土行动》是一本对话类的书籍，

其中有许多国际教育的新视野，对学力的论述也是观点鲜明，值得我们学习和借鉴。我校开展自主学习能力和学科思维能力的实践和研究也刚起步，有些理论问题还有待梳理，钟教授的著作为我们找到了一些理论依据，至少让我们明白了学力中包含了自主学习能力和学科思维能力，这为我们的实践和研究增添了信心，相信在学校教师的共同努力下，我们的实践和研究会顺利推进，实现"从重视记忆到重视思考"的教育改革新目标。

未来已来，迎接挑战

读由北京联合出版公司出版，王鹏著的《大势将至，未来已来》一书，十分感慨，书中所写的四个段落，引起了我对教育的思考。

段落一：在时代大潮的冲刷下，每一个年龄段的人都须转型学习，过往的经验优势，不再提供安全感。职场主动权正在向年轻一代转移，而那些被急促脚步吵醒的中年人，则心生惶恐。时间的赛道被打破，"90后""80后""70后"和"60后"在同一个斗兽场中拥挤，唯有有能力者方能生存。

当今教育改革如火如荼，从宏观政策，到微观探索；从思想观念转变，到教育技术更新；从国家选拔人才标准的变化，到基层学校教育改革的实践，教育正在发生深刻变化。今天的教育已经不是昨天的教育，各年龄段的教师面临的是同一时代的学生，这个时代的学生是"互联网的原住民"，学生们的思维方式、学习习惯、生活空间已不同以往，以不变应万变的时代已经过去。为此，作为教育人必须要做好以下三方面的工作：一是必须不断学习。过去是"活到老，学到老"，现在是"学到老，活到老"，不学习，无法活。二是必须不断努力。过去是"学一门专业，做一辈子工作"，现在是"努力学习，方能胜任"，不努力，即落伍。三是必须不断创新。过去是"倚老卖老，经验就是财富"，现在是"老就是旧，经验是绊脚石"，不创新，无权威。

段落二：我一直相信，每个人都有优秀的内在，只是许多人不知如何表达，从而令明珠蒙尘。写作，就是向这个世界最好的表白。每一个个体都有表达的机会，都能展示自己的品牌，并有可能通过写作，提升人生的品质。在改变命运的手段中，写作，一直都是低成本的逆袭手段。

教师的专业能力和专业水平绝大部分是通过写作来表达的。当应试教育已成为过去，素质教育成为主流；当刷题教育已经落后，学科核心素养成为"指挥棒"；当获取知识已经不再重要，培养学生思维能力成为教育的追求，指望通过学生考试分数的高低来衡量教师的专业能力和水平已经过时，教师必须通过写作来体现自己的专业能力和水平。为此，教育人必须做好以下四方面的工作：一要写教后感。一节课完成之后，必须写下自己的感受，哪些方面自己是满意的，为什么，今后保持；哪些方面自己不满意，为什么，今后必须改进，并且写下改进的思考。二要写日记。一天的教育教学工作，总有体会，与好学生的交流，让教师积累经验；与学困生的交流，让教师吸取教训。三是不断归纳总结。对知识点的归纳总结，能让教师对知识的产生和发展过程有一个清晰的认识；对学生学习方法的研究，能让教师的教更贴近学生的学；对学生学习错误的分析，能让教师调整教学策略和方法。四是定期整理。每到寒暑假，把自己的教后感、日记、总结进行梳理，以专题的形式成文。写作之后的成果能让教师具有满足感，持之以恒，教师就会写，乐写。

段落三：她叫咪蒙，是朋友圈的话题教主，左右着许多人的喜怒。她从不讳言对金钱的追逐："真的真的，开公司必须赚钱。我现在特别特别认可马云说的，一个不赚钱的公司就是犯罪。"其实，工作了12年，车、房早已解决。但咪蒙说，开了公司就意味着责任，不赚钱的公司对员工来说，很可怕。

教育的根本任务是立德树人，检验一所学校办学质量的根本标准是立德树人的成效。办学注重办学质量，就如同开公司赚钱，一个不赚钱的公司对员工来说是可怕的，同样，一个不讲办学质量的学校对学生来说也是可怕的。为此，教育人必须要做好以下六方面的工作：一是引导学生具有理想信念。要让学生具有共产主义远大理想和中国特色社会主义共同理想，增强学生对中国特色社会主义的道路自信、理论自信、制度自信和文化自信。二是培育学生具有爱国主义情怀。要让学生立志扎根人民、奉献祖国，时刻不忘自己是中国人。三是加强学生品德修养。要让学生既有个人品德，也有社会公德，更应有热爱祖国和人民的大德。四是增长学生知识见识。要让学生求真理、悟道理、明事理，在学习中增长见识、增长才干。五是培养学生的奋斗精神。要让学生具有勇于奋斗的精神状态、乐观向上的人生态度，做到刚健有为、自强不息。六是增强学生的综合素质。要让学生德智体美劳全面发展，做社会主义事业的建设者和接班人。

段落四：当人工智能和大数据积蓄了足够的力量，开始频繁地在新闻中现身时，那么新时代的到来已不可避免。在碳基生命统治地球40亿年后，硅基生命终于降临，它们在虚拟世界中塑造灵魂，并蚕食现实。现在看来，阿尔法狗只是硅基革命的一次试探和撩拨，在现实世界中，它们已开始了进化的历程。人工智能不再是人类的工具，而成为人类的替代品。过去，我们可以选择一门专业，然后投身一个行业，静享半生安稳时光。然而，现在没有绝对安全的行业，也没有绝对安全的未来。我们所能做的，只有立即开始学习，改变自己。

人工智能和大数据时代已经到来，我们必须知难而上，迎接挑战。为此，教育人要做好以下四方面的改变：一是改变教师的教学方式。传统的教学"五环节"必须改变，备课不再是备教材、备学生，而是根据学生预习之后的备课，让备课更加精准；上课不再是教师讲授，而是根据学生的学习状况及时调整教学方式；作业的处理不再是统一的模式，而是根据学生作业的情况个性化地处理；辅导不再局限于学校，而是无处不在；评价不再是统一的考试，而是个性化的检测。二是改变学生的学习方式。学习的渠道不再唯一，更有选择性；学习的时间不再确定，任何时间均能学习；学习的内容不再一致，根据自己的兴趣可以充分选择；学习的检测不再被动，可以对自己的学习不断自检，从而不断修正自己的学习。三是改变师生的互动方式。课堂内的师生互动不再是师问生答，可以是机问生答，也可以是生问生答，更可以是一问多答、多问一答。互动可以无处不在，也可以无时不能。四是改变知识的呈现方式。既可以教师讲学生听，也可以视频微课；既可以动手实验，也可以虚拟推演；既可以用知识解决问题，也可以在解决问题的过程中学会知识。

读《大势将至，未来已来》，思考教育的昨天、今天和明天，教育人责无旁贷。不断探索，敢于挑战，教育人必能适应未来，并终将引领未来。

幸福教师，立德树人

做教师应该是幸福的，我们有自己的精神追求、专业价值、行为方式、无限财富和纯洁伙伴，我们应该享受教育。做优秀教师又是艰辛的，优秀教师的成长有赖于六个方面：刻苦勤奋，锲而不舍；收敛发散两相宜；追随大师，从"照着做"开始；关注前沿占先机；求真知，远名利；徜徉于学科之美。我们要做有理想信念、有道德情操、有扎实学识、有仁爱之心的"四有好老师"。立德树人关系党的事业后继有人，关系国家前途命运，我们要把立德树人成效作为检验学校一切工作的根本标准，以学科德育的理念，做好立德树人的工作。物理学中的能量守恒定律、化学中的结构决定论、哲学中的内外关系原理，对做好立德树人工作有启示，我们要不懈努力。

幸福教师

在学校工作，真好

今天是第29个教师节。首先请允许我代表全校师生，祝华三全体教职工教师节快乐，同时感谢我们的父母、儿女、丈夫、妻子对我们工作的理解、支持和配合，祝愿他们在教师节也能感受到幸福和快乐！

今天，我寄语的题目是《在学校工作，真好》。在学校工作有什么好呢？以下五好，让我们坚守。

一、有自己的精神追求

从进学校的第一天起，我们就有一种自豪感，教书育人、服务于师生，我们在积德行善；与学生相处我们永远年轻、纯洁、充满朝气，与教师相处我们永远善良、纯朴、充满智慧。教育工作者孺子牛的精神，在任何时代都让人充满敬仰和敬畏。

二、有自己的专业价值

自近现代社会的教育专业化形态出现以后，愿做春泥更护花的教师不再是仅凭满腔热血就能做的工作，教育工作成了一门专业。教师工作的专业化，推进了学校发展的现代化。在学校工作的所有同志都在凭自己的专业工作，我们不依附于任何人，我们的专业价值得到了充分体现。

三、有自己的行为方式

学校工作的同志有别于其他行业的员工，只要做好工作就可以了，学校工作的我们，不仅要上好课、育好人，而且要为人师表。在家庭我们是家庭和睦的主心骨，在社区我们是小区和谐的推动者，在社会我们是社会公德的倡导者。我们永远要与人为善，成人之美，常怀感恩之心，传递给社会的永远是正能量。

四、有自己的无限财富

物质的财富包括房子、车子、票子等都是有限的和有价的，但教育工作者所拥有的财富是无价的。学生思想品行的提升、学习能力的提高、对老师的信赖和尊重是教育工作者的财富；社会对学校教职工的那种清高、正义和敬重更是我们的财富；在学校工作的员工，有足够的时间去看自己喜爱的书，做自己喜爱的事，有自己支配的时间，这是我们最大的财富。

五、有自己纯洁的伙伴

学生是我们的伙伴，这种伙伴关系是心灵换心灵、灵魂对灵魂的关系，这种关系使我们纯洁和高尚；同事是我们的伙伴，这种关系是尊重换尊重、提携对提携的关系，这种关系使我们做事有成效、做人有底气。

在学校工作的这五好，不仔细归纳，不认真体会，不用心感悟，很难察觉。用无邪的眼睛观察，用纯洁的心灵体会，可能我们还会发现其他好处。人的尊严有时就是一种自我感悟，这就是有"心有多宽，天就有多高"的缘故。

在学校工作，真好！华三让我们结缘，我们和华三有缘。悠悠我心，充满了对学校的情怀，对同事的感恩。教师节，让我们相互庆祝，庆祝美好，庆祝平安，庆祝幸福！

享受教育，实现超越

今天是个喜庆的日子，第26个教师节给我们繁忙的教育教学工作带来了祝福和希望。我们感谢教师节，因为它能使我们重感受到教师这一职业的崇高和伟大，也能使我们体会到做教师的快乐和幸福，更能使我们焕发出做教师的热情和激情。

今年的教师节值得歌颂。国家中长期教育改革和发展规划纲要的颁布，为中国教育发展和改革指明了方向，明确了任务。上海世博会的顺利举办，一方面展现了中国改革开放的巨大成果，让世界看到了一个发展中大国的勃勃生机，另一方面也让全体华夏儿女见识了世界顶尖的科技和优秀的文化，上海世博会必然也为教育的发展提供了良好的外部环境。金山区三届十一次全会的召开，进一步明确了"双城驱动，产城融合"的发展战略，坚定了区委区政府建设"宜居金山，创业金山，和谐金山"的决心。作为金山的教师，我们希望金山的社会经济能有大发展，能为我们的教育提供良好的保障条件。我们学校在全体同志的共同努力下，教育教学取得了令人瞩目的成绩。今年的学业水平考试，我们圆满地完成了预期的各项任务，教师们克服了种种困难，在贾富东老师的组织下取得了骄人的成绩；今年的高校招生考试，我们在杨国军老师的带领下，克服了首届市实验性示范性学生基础低、层次多、尾巴大的不利因素，全年级33位教师齐心协力，昼夜辛劳，最终取得了优异的成绩，创造了学校升学成绩的新高。在此，我们也要向为本届高三学生的成长付出心血的高一、高二的教师，总务后勤教辅人员表示感谢，出色的成绩中有你们的辛劳！

去年教师节我寄语《顽强拼搏，再做贡献》，现在看来已实现愿望。经过一年的努力，我们全校教职工的学校认同感更加强烈，我们已经意识到我们的幸福和学校发展密不可分，因为我们将终身服务于学校；我们全校教职工有效工作的意识更加强烈，希望通过每日的反思、调整，我们的教育教学工作日日有起色，月月有变化，年年有提高；我们全校教职工工作的超越精神充足，办华师大附属中学第一梯队学校的目标越来越明晰；我们全校教职工"珍惜健康，珍爱家庭，幸福工作"的理念更加清晰，因为我们将一辈子做教育。

今天的三附中又站在新的发展高度上。今年暑期工作研讨会，我们把研讨主题确定为"课堂教学的有效管理与实施"，并且把课堂教学的有效管理与实施的最终目标设定为"人人都强，藏富于民，管而无痕"，因为市实验性示范性高中的办学要求鞭策我们必须提升自我，让自己强大起来，居高临下地从事我们的教育工作。让我们共同努力吧！

一、希望我们每位教职工都能成为学生学习的榜样、道德的楷模

教师是为人师者，为人师者就要教会学生做人。我们希望华三的学生品德高尚、行为规范、性格阳光、善于融通、憧憬未来、积极向善，做品行端正之人。那么，对我们教育工作者而言，首先自己必须要品德高尚、行为规范、善于融通、憧憬未来、积极向善，就如我们要求学生做事认真，我们首先要认真做事；我们要求学生行孝感恩，我们首先要善解人意。我希望通过我们的共同努力，华三的校园充满正气，和谐而温馨。

二、希望我们每位教职工多读书，读好书

知识分子应以书相伴终身，读先贤圣人之书，能使我们明白天地人事之理：一部《论语》教会芸芸众生行事之道；读经典名著，能使我们释解心中不明之结；一部《三国演义》让我们体会到了"鞠躬尽瘁，死而后已"的大义胸怀和雄才大略；一部《红楼梦》教会人们处理各种社会关系，读时文美文能使我们淡定、从容。有空我们要多读书。

三、希望我们每位教职工能为提高学校教学质量做贡献

随着学校的发展，我们越来越感受到学校中每个个体的重要性。事实上，到今天为止，我们谁也离不开谁，任何一位同志工作的闪失都会影响我们学校的整体发展，因而我们要争做学校发展的长板，尽量不做漏水的短板。我想，只要我们善于调整，依靠团队，我们会弥补我们无意之中工作的不足。

今年高考的作文材料引用了孟子的话"数罟不入洿池，鱼鳖不可胜食也"。我们要像丹麦人那样，会捕鱼，善捕鱼，捕大鱼。就学校的教育而言，我们强调发展，但我们更强调可持续发展。祝愿华三的每一位教职工在奋斗的过程中，享受教育，实现超越。

喜欢你，在一起

今天，我寄语的题目是"喜欢你，在一起"。

是时候说一声喜欢你了。从2007年4月学校成为上海市实验性示范性高中以来，华三的所有教职员工肩负使命，负重前行，以无须扬鞭自奋蹄的工作激情，使学校从全市排位140多名的区级重点中学，一跃成为名副其实的上海市实验性示范性高中，其间有数不尽的理由说一声，喜欢你！

喜欢你，点燃了希望。无数的鼓励、无数的批阅、无数的教诲，让本已失望的学生重新燃起了学习的希望，让本考不进大学的学生挤进了大学的校门，让本成不了才的学生成了祖国建设之才。喜欢你，点燃了学生的希望，更点燃了学校发展的希望。

喜欢你，合作的默契。华三的教职员工来自全国19个省、市、自治区，不同的文化背景、不同的教育程度、不同的价值取向，让我们的教育、教学和学校的管理有越位和缺位的时候，但我们很少抱怨，积极地、默默地补位，默契地合作，让我们越走越顺。喜欢你，帮助了他人，更帮助了学校。

喜欢你，挑战的乐趣。面对高标准的教育要求，面对高期待的学生家长，面对高竞争的教育压力，我们时常面临本领恐慌，跌倒了，我们爬起来，拍拍尘土，顽强地继续前行。我们以读书开阔视野，以反思提高效益，以变革优化教学。喜欢你，困难面前从不低头，挫折面前从不放弃。

喜欢你，留住了美好。晨曦，路灯催着我们进班级，晨读、晨默，早起的我们是美好的。午间，急急地赶回办公室，为的是给学生答疑、辅导，辛勤的我们是美好的。晚间，到教室，指导学生自主学习，提高晚自习效率；到寝室，叮嘱学生不玩手机，好好休息，操劳的我们是美好的。喜欢你，付出之后美好的回报。

在一起，因为我们还有许多事情要做。

个性化学程和学分制管理，需要我们在一起。完善学校的课程体系、强化基础型课程、丰富拓展型课程、规范研究型课程、培育特色课程，任重道远。

学生生涯辅导教育，需要我们在一起。编写学校的生涯辅导教育教材，指导好学生制订适合的学涯和生涯规划，充分发挥导师在学生成长过程中的引领作用，我们要齐心协力。

"双力"驱动学校转型发展，需要我们在一起。教会学生预习是培养学生自主学习力的第一步，当我们强调通过预习来翻转课堂时，我们的课堂必须随之改变，转变理念，我们正在路上。

高质量的办学追求，我们在一起。我们是上海市实验性示范性高中的一员，我们必须对自己高标准、严要求；我们的学校是高水平大学的附中，高水平大学的附中理应是高水平的，办高水平的大学附中，我们责无旁贷。

喜欢你，不仅包括在座的各位，还包括已经退休的教师，如今年刚退休的竺韵燕老师、冯振渊老师，也包括已经调离学校的教师，如今年刚调离学校的戴绚副校长、陈春花老师、俞连老师。喜欢你，是一种姿态，是一种境界；在一起，是一种责任，是一种担当。华三，会因为喜欢你而更加和谐，会因为在一起而更有力量！

吾师兴吾校

今天是我校庆祝第31个教师节活动日。首先，我要感谢昨天学生们一大早送上的鲜花和祝贺语，感谢今天学生代表对我们的祝愿，同时，要感谢陈莲华老师、高伟清老师、马志龙老师、陶伟平老师、吴颂安老师和谢昕春老师30年以教育为业，默默耕耘；更要感谢华三所有的的同志们，因为大家的努力，才铸就了华三的品牌。让我们用掌声祝贺我们自己！

今年庆祝教师节，我的寄语主题确定为"吾师兴吾校"，想要表达以下五层思想。

一、用"吾师"和"吾校"表达一种情感

学校是由教师撑起的，教师是学校的脊梁，无教师即无学校，学校离不开教师。有怎样的教师就有怎样的学校，教师的品质等同于学校的品质，教师对学校而言实在太重要了。"吾师"是对我们教师的尊敬，学校是教师的栖息之地，有学校才有学生，有学生才有教师，教师离不开学校，离开学校，教师会成为无源之水，无本之木。"吾校"是对学校的敬畏。

二、用"吾师"和"吾校"表达一种文化

教师是有文化之人，文化人自有文化人的言行之道，既学富五车，又抱朴守拙；既腹有诗书，又淡泊宁静。吾师不是凡夫俗子，吾师自有精神天地；学校是文化之地，原有的文化熏陶着、感染着、潜移默化地影响着学校中的师生，学校中的师生又创造着、积淀着、于无声处塑造着学校新的文化。吾校不甘平庸，吾校理应卓尔不群，超越伦匹。

三、"吾师"能兴"吾校"

吾师非等闲之师。曾经有人问我华三的学生和教师有何特点,对学生的特点我脱口而出,华三学生有三大特点,即"起点较低、层次较多、比较肯学"。而对教师的特点我一时语塞,后细心分析,总结出华三教师有如下三个特点,即"起点较高、来源较广、比较敬业"。我们校有研究生毕业的教师22人,有高级教师39人,区级以上名师16人,特级教师1人,这样的一支教师队伍算是高起点的,高起点的教师是做高质量教育的前提;我校的教师来自全国16个省市,来源较广的教师带来了丰富的教育资源;教师们起早贪黑、勤勤恳恳地工作,工作不可谓不敬业,敬业的教师是做好教育的基础。我坚信"吾师"能兴"吾校"。

四、"吾校"只能靠"吾师"兴

今年我们的教学质量有所反复,于是有善意的同志给学校提出了许多建议,其中就有"能否引进一批教师,能否聘请一些教师做我们的顾问"的建议,对此我们不予认同,因为长期的办学实践告诉我们,学校的事只能自己做,成事靠自己。还记得我校师资队伍建设的十二字方针,即"培养为主,引进为辅,优化组合"。"吾校"只能靠"吾师"兴,正如《国际歌》中所唱,"从来都没有救世主,全靠我们自己"。为此,我们要加强学习,练就振兴学校的本领。

五、"吾师兴吾校"已有法宝

本学期,我们已经明确要花大力气培养学生的两大能力:一是要培养学生自主学习的能力,要下大力气指导学生对自主学习的时间、空间、科目、内容的科学安排;二是要培养学生学科思维的能力,要下大力气研究如何在每节课、每个问题中渗透学科思维,千方百计地提高学生分析、综合、判断和推理的能力。

华三能成为上海市实验性示范性高中,靠的是吾师;华三要不辱上海市实验性示范性高中的使命,更要靠吾师。吾师任重而道远!

顽强拼搏，再做贡献

今年的教师节对华东师范大学第三附属中学人而言是一个不同寻常的教师节，这不仅因为教师节和我们学校共同诞生——今年共同迎来第25个教师节和华师大三附中建校25周年，更重要的是经过一年来华东师范大学第三附属中学人刻骨铭心的日夜奋战，我们终于又找回了那种久违了的办教育的自信。学校教育教学的质量又有了很大的提高，全体教职工的精神面貌又有了极大的提升。我们的学生尤其是刚离开学校的那届高三学生，带着母校教师的精神、品质和祝愿，取得了良好学业成绩，华东师范大学第三附属中学人的教育功德在学生身上得到了最好的体现。

去年的教师节，我祝福我们的组室部门和睦团结，大家辛勤工作又心情舒畅；祝福我们在过去的一年中又积累了丰富的教育教学和管理的经验，我们渴望得到付出后的回报；祝福我们的家庭，当我们拖着疲惫的身躯回到家中，家的温暖又让我们精神焕发。今年的教师节我同样要祝福，祝福我们的学校蒸蒸日上，真正成为金山人民心目中的优质学校；祝福我们的学生勤奋向上，真正成为勤奋、善学、懂感恩的优秀学生；祝福我们自己身体健康，专业提升，真正成为德高、业精、会育人的优秀教师。我们同样要感谢，感谢总务后勤教辅工作人员，是你们的努力，才使学校校园整洁、各项设施、设备运作正常；感谢三位年级组长，凡是涉及学生的教育工作，你们总是以"想周到，做精细，协调好"为原则，保证年级组各项工作有条不紊地开展；感谢五个职能部门的领导，你们既要面对高标准的管理任务，又要兼任繁重的学科教学任务，工作努力但又要时常受到全体教职工工作上的责问和校长们的批评；我们更要感谢所有的教师，你们牺牲了大量的休息时间，早上7：00进校门为学生默写、辅导英语和语文，中午进教室为学生解惑答疑，晚自习还要对学生关怀备至，教师为人师表、诲人不倦的品质在你们身上得到了最好的诠释。上述感谢是发自肺腑的，让我们在教师节的自我感谢之中，释放所有的工作压力和心中郁愁，充满信心地投入新一年的工作之中。

学校的发展要靠全体教职工的付出，历史已经把学校发展的重任交到了我们这拨人手中，我们唯有以我在开学典礼上所说的以"百二秦关终属楚"的志向，以"三千越甲可吞吴"的胆略，勇于攀登，才能使学校不断创新超越。为此，让我们寄希望于以下四方面：

一、希望所有教职工具有强烈的学校认同感

三附中是实现我们人生梦想和体现我们工作价值的圣洁之地，我们必须像呵护自己的眼睛一样珍惜学校的声誉，我们必须为学校创建优质的教育品牌而竭尽全力。学校的品牌是由我们所有教职工的工作品牌决定的，从一所优质的学校出来的教职工，人们自然而然地认同教职工的优秀，从而有一种莫名的敬畏感。我一直说，若干年之后，当人们在谈起华东师大三附中时，想到的不仅仅是这所学校在金山这一地理位置，更重要的是要想到这所学校严谨的教风和良好的学风。

二、希望所有教职工具有强烈的有效工作意识

从2007年起，学校把"新基础教育理论指导下的有效教学研究"作为学校的主课题，并以此为契机，大力提倡有效管理，努力使学校的管理更科学，更到位，更人性化；大力提倡有效教学，努力使教学五环节环环有效果；大力提倡有效学习，努力使学生主动学习、自觉学习、自信学习；大力提倡有效后勤保障，努力为全体师生创设舒适完备的教育教学环境。学校整体实力的提升有赖于学校所有教职工工作标准和质量的提升，每个部门、每个教职工都要积极做学校整体实力的"长板"，避免使自己成为学校发展的"短板"。

三、希望所有教职工具有强烈的超越精神

经过我们不懈的努力，今天的三附中已经拥有了一支成熟而敬业的教师队伍，已经集中了一批区内外比较优秀的学生队伍，已经取得了比较令人信服的办学经验，学校后续的更大发展要求我们不能墨守成规，不能以原有的工作

要求来衡量我们现在的工作，从而生出自满的情绪。我们必须以不断超越的精神，今天改进一点，明天优化一点，不断积累，让学校在原有的基础上有所突破，实现超越。

四、希望所有教职工具有强烈的珍惜健康、珍爱家庭的意识和美德

健康是我们工作的前提与基础，离开健康，我们的热情再高，事业心再强，也会心有余而力不足。我希望三附中的每一位教职工不仅身体健康，而且心理健康，每天自信地、充满阳光地、精神焕发地走进教室，面对学生。家庭是我们的栖息地，它能使我们在累的时候喘口气，在紧张的时候放松心情。和子女在一起能使我们充满希望，和父母在一起能使我们踏实自信，与丈夫或妻子在一起能使我们相互激励，共同提高。我们希望三附中的每一位教职工家庭幸福美满，让家庭成为我们有效工作的加油站。

今年教师节前夕，温家宝总理在北京三十五中调研时对教师提出了三点希望，要求教育工作者"充满爱心、忠诚事业，努力钻研、学为人师，以身作则、行为世范"，把追求理想、塑造心灵、传承知识当作人生的最大乐趣，做热爱学习、善于学习、终身学习的楷模。我坚信，三附中的教育工作者一定能不辱使命、顽强拼搏，书写学校更加辉煌的明天！

从数学大师的成长看优秀教师的成长

《数学大师》是由中国人民大学一级教授刘大椿主编的卓越科学家的工作与创新方法系列研究丛书中的一个分册，由中国科学技术出版社出版。该书由刘大椿的两位博士生黄婷和邱德胜撰写，重点介绍了华罗庚、陈省身、吴文俊等中国顶尖的数学家，其中归纳出的六条数学大师成长的方法前提引起了我对优秀教师成长的思考。

一、刻苦勤奋，锲而不舍

书中写道：著名数学家华罗庚的童年并没有表现出过人的天资，在他上完小学时只拿到一个修业证书。但通过后天的刻苦努力，在与时间的赛跑中，华罗庚打下了坚实的基础，以至于在30多岁时就成长为世界一流的数学家。晚年，华罗庚在传授治学心得时，多次谈到"聪明在于积累，天才在于勤奋"，"埋头苦干是第一，勤能生出百巧来；勤能补拙是良训，一分辛苦一分才"，并把读书的方法概括为"由薄到厚"和"由厚到薄"。同样，对教师而言，要成为一位优秀的教师，必须刻苦勤奋，锲而不舍。教师的工作对象是活生生的学生，不同的学生需要用不同的教育方法才能达到一把钥匙开一把锁的教育效果。教师要对本学科的专业知识不断研究，只有教师自己能熟练解决综合性的、复杂的学科问题，才能培养出具有高学科思维的学生；教师要对如何育德树人的工作不断研究，只有教师自己具有高尚的师德，才能培养出具有社会责任感和使命感的学生；教师要对日常的教育教学工作不断反思，只有教师不断优化改进自己的育人工作，才能培养出一大批智慧型学生。教师的优秀需要刻苦勤奋，锲而不舍。优秀不会天生具有，需要付出。

二、收敛发散两相宜

书中写道：著名数学家丘成桐小时候受父亲影响，对中国古典诗词歌赋颇有研究，具有比较深厚的文学功底，并认为数学与文学之间有着内在的相似之处。他说："数学之为学，有其独特之处，它本身是寻找自然界真相的一门科学，但数学家也如文学家般天马行空，凭爱好而创作，故此数学可说是人文科学和自然科学的桥梁。"丘成桐认为：数学的文采，表现于简洁，寥寥数语，便能概括不同现象的法则，甚至在自然界中发挥作用，这是数学优雅美丽的地方。同样，对教师而言，要想成为一位优秀的教师，必须收敛和发散并举。教师必须收敛于教师的职业认同。教师的工作有别于其他行业的工作，教师的工作是灵魂换灵魂、智慧换智慧的工作。教师一个不经意的教育行为可能会影响学生的一辈子；教师必须收敛于爱的情怀，教师的同一个教育行为肯定会有不一样的教育成效，对一些教育成效比较差的学生，教师必须要具有爱的情怀才能唤醒学生学习的智慧；教师必须收敛于专业能力，教师的专业水准，决定教师培养学生的水准，高水平的教师是培养高水平学生的前提。教师必须发散于跨学科的知识和能力，培养学生的综合素养，需要教师具备文理相通、文文相通和理理相通的能力，实际的复杂问题的解决需要教师具备综合能力。

三、追随大师，从"照着做"开始

书中写道：著名数学家苏步青，1924年进入东北帝国大学数学系，曾以一篇《关于费开特的一个定理的注记》发表在日本学士院纪要上，引起全校轰动。从1927年开始，师从洼田中彦研究微分几何，由于洼田中彦与德国微分几何大师布拉施克曾在德国为师兄，因此，苏步青受布拉施克影响深远。后来，他又得知意大利是当时射影微分几何的中心，因此自学意大利语，以通信方式得到该国数学家的指点和帮助，在这些数学大师直接和间接的指导下，苏步青在数学研究上取得了巨大成就。同样，要成为优秀教师，必须追随大师，从"照着做"开始。每一所学校均有自己的学科带头人，追随这些学校层面的大师，能让教师学有榜样，在相互学习和交流中夯实教师自身的专业基础；每一个区域均有自己的学科导师，追随这些区域层面的大师，能让教师专业发展有目标，在和这些大师的交流和学习中，弥补自己的薄弱方面，明确自己的主攻方向；在更大的层面上，每一门学科均有一批知名的特级教师和正高级教师，和这些大师有沟通和交流的渠道，能让教师无论在课堂教学，还是教学特色，同时在教学科研和专业影响力等方面都能站得高，看得远。如此，教师就能优秀。

四、关注前沿占先机

书中写道：著名数学家陈省身对前沿的关注非常有特色，首先，他了解到美国并不是数学的中心，因此参加庚款留美考试却要求留学德国；其次，哥廷根本来是德国的数学中心，但是他了解到布拉施克领导的汉堡大学正有蓄势待发之势，人才齐备，是更佳的求学之地；再次，当了解了E.嘉当的数学，他随即意识到自己想做的"大范围微分几何"有了突破的窍门，因而毅然决然去巴黎做了嘉当的博士后。几次选择，几次对数学前沿的精准把握，堪称数学史上的经典。同样，要成为优秀教师，必须要关注前沿占先机。教师要关注学科知识发展的前沿，精准把握知识的产生、发展和应用的规律和脉络；教师要关注教育改革的前沿，理解教育改革的思想、理念和发展方向；教师要关注教育技术和工具的使用前沿，不断用新的技术和工具优化和改进自己的教育教学。在关注前沿的同时，教师要勇于探索，勇于实践，只有在探索和实践中，教师才能脱颖而出，教师优秀才有可能。当今教育，墨守成规的教师不仅不可能优秀，而且必然会落伍。

五、求真知，远名利

书中写道：江西籍数学家、中国科学院院士王梓坤先生有一段自勉格言，"我尊重这样的人，他们心怀博大，待人宽厚，朝观舞剑，夕临秋水，观剑以励志奋进，读《庄》以淡化世纷；公而忘私，勤于职守；力求无负于前人，无罪于今人，无愧于后人"，因此，真正的数学大师往往淡泊名利，心性高远，为求真知而将毕生的精力奉献给数学事业。同样，要成为优秀教师必须求真知，远名利。教师要求育人真知，以课程的思想，通过学生喜闻乐见的各种活动，让学生具有正确的世界观、人生观和价值观，具有社会主义核心价值观；教师要求教学真知，以扎实的专业功底，通过教学改革和创新，努力提高学生的自主学习能力和学科思维能力，提高教学的实效性。基础教育的职业特点，决定了教师永远不可能大富大贵，教师要在复杂的现实面前守住阵脚，在熙熙

攘攘的人流中保持自己心灵的安适与平静，至此，才具有优秀教师内在的潜质
与修为。

六、徜徉于数学之美

书中写道：著名数学家吴文俊在读初中时对数学并不偏好，只是到了高
中，由于授课老师的启迪，逐渐对数学及物理产生了兴趣，但考上上海交通大
学数学系后，对数学失去了兴趣，甚至有转系的打算。到大学三年级时，由于
武崇林教授将代数和实变函数论讲得生动有趣，精彩异常，吴文俊感受到了数
学的真正魅力。自20世纪70年代以来，吴文俊研究几何定理用计算机进行机械
化证明的方法，并取得成功，国外称之为"吴方法"。正是大学时期对数学之
美的突然发现，才促使他成为职业数学家。同样，要成为优秀教师，教师必须
要感受到教育之美，感受到教师的职业之美。教育是美丽的，让学生学会关心
自我、关心他人、关心自然、关心社会，这是教育的内在美；教育是美丽的，
让学生学会强身健体、文明礼仪、艺术修养、诚信友善，这是教育的外在美。
教师的职业是美丽的，教师工作的对象是充满青春活力的学生，学生的智慧和
学生的活力让教师的工作不可能一成不变，具有挑战性的工作，让教师充满精
气神。教师只有充分感受到教育之美，教师的职业之美，教师才有可能优秀，
才有可能把自己的一生付诸教育。

《数学大师》一书，从六个方面归纳了数学大师成长的方法前提，尽管优
秀教师的成长和数学大师的成长不尽相同，但相似之处十分明显。事实上，要
成为一个行业中的佼佼者，成为任何一个行业中的优秀者，这六个方面具有普
适性。上海的教育改革已经到了促使人人均要行动的关键时期，"为了每一个
学生的成长"需要每一位教师的优秀，不想做优秀教师的念头已与这个时代格
格不入，为了担负起教书育人的重任，我们要做优秀教师！

挤一点时间，读一些书

一、教师读书少的三方面原因

教师是应该以书为友，以读书为乐的。但现在读书的教师越来越少了，究其原因，主要有以下三种：

1. 教师的教学任务越来越重

为了使每个学生都得到全面发展，教师每天忙忙碌碌。教师忙完课内教学，忙课外辅导；忙完白天教学，忙晚上备课；忙完学校教学工作，忙校外进修培训，使其没有时间读书。

2. 教师的工作压力越来越大

为了每位学生的成长、成人、成功，教师每天肩负着教育的责任和使命。教师既要上好本专业的基础课，又要开设拓展课，同时还要指导学生研究性学习；教师既要关注学生的学业成绩，又要关注学生的心理健康，同时还要关注学生的身体健康；教师既要面对家长对学生考试成绩不好的质疑，又要面对区域内的各种教学评价和统一测试，同时还要面对平行班教学成绩差异过大的质问，使其没有心思读书。

3. 现在的社会越来越精彩

打开电脑等各种数字设备，大量真真假假的信息扑面而来，物价涨了，房子又贵了；暴雨来了，火车又撞了；媒体披露，官员又腐败了。教师生活在社会之中，要把复杂的社会现象去伪存真，用正面的观点教育引导学生，分散了教师大量的精力，使其没有精力读书。

上述原因，使教师静下心来读一些书变得难了。因而要读书，只能挤一点时间。

二、读书的勇气和毅力来自三方面

挤一点时间读书，是需要勇气和毅力的。作为教师是需要有一点勇气和毅力的，这种勇气和毅力来自以下三方面：

1. 教师的职业需求

教师要传道授业解惑，需要究天人之际，通古今之变，教师不读书是做不了好教师的。况且现在的教育教学要求越来越高，教师要研究学业水平考试背景下大学自主招生考试和越来越激烈的高考；教师要研究数字信息背景下的课堂教学和学生全方面的培养；教师要研究独生子女的父母和独生子女的学生的心理特点，进而有针对性地实施教育教学。教师的职业特点需要教师挤出时间读书。

2. 学生的学习需求

当今的学生有很强的自主意识，他们似懂非懂，经常会得理不饶人，教师要有效地教育和引导学生，不学一点教育的策略和方法是无法教育好学生的；当今的学生有比较强的应用信息技术能力，他们多渠道获得的信息技术凌乱但涉及面广，教师如果不知道"三维打印"和"指尖技术"，教师在学生眼中就是"老土"，教师可能就要被学生"Out"了；当今如饥似渴地想读书的学生也变得少了，现在去图书馆借书、看书的学生正在逐渐减少，教师要竭尽全力鼓励学生多看书，教师自身不读书是不行的，只有教师自己多读书，才能和学生一起交流读书心得和体会。学生学习的需求在倒逼着教师挤出时间读书。

3. 教师家庭的需求

家中有位教师，这个家就可以算是知识分子家庭，知识分子的家庭应该书香四溢，笔墨飘香。教师好读书能使家庭和睦温馨，能潜移默化地使孩子喜欢读书，同时感染家庭的每一位成员。教师家中的家具什么都可以缺，唯独书橱不能少，条件好一点，一定要有一间书房，在一间三面围书的书房中，能使人宁静而高雅。为了自己的那份职业，为了学生，为了家庭，教师必须挤出一点时间读书。

三、教师必读的四类书

既然教师读书的时间是挤出来的，那读的书一定要精。对教师而言，以下四类书是必读的：

1. 传统经典的书

传统经典的书很多，不可能本本都读，但有些书是一定要读的。《论语》一定要读，且要多读，读懂，因为它教会我们天地人事，教会我们真善美；苏霍姆林斯基的《给教师的建议》作为教师一定要读，它教会我们教书育人的根本道理。

2. 学科历史的书

数学老师要读一读美国人H.伊夫斯著的《数学史概论》；物理老师最好读一下美国人弗·卡约里著的《物理学史》；生物老师最好读一读法国人让·泰奥多里德著的《生物学史》。学科历史的书籍能使我们把握学科知识的全貌，有利于我们更好地教学。

3. 有关教育文学类的书

如描绘学生心灵成长的《窗边的小豆豆》；阐述教学管理的《卓有成效的管理者》；反映学生成长的《麦田的守望者》；启迪家庭教育的《教养》。教育文学类的书能启迪教育教学智慧，让我们享受教育。

4. 有关科普类的书

如《人类的故事》，能使我们了解人类自身；高士其的《站在科学的阳光下》，能使我们对科学有更深刻的认识；庞之浩的《太空在召唤》丛书，能使我们了解地球、卫星及其应用的全貌。阅读科普类的书能使教师知识渊博，给学生学富五车的敬畏感。

有人说："读书决定一个人的修养和境界，关系一个民族的素养和力量，影响一个国家的前途和命运。一个不读书的人，不读书的民族，是没有希望的。"就一所学校而言，如果教师不读书，这个学校同样没有希望。我们学校的教师们好读书已经成为习惯，每年的寒暑假学校科研室总要开展读书征文活动，并且形成了每三年汇编教师读书札记的传统。学校科研室逼一逼教师读书，教师本人挤一挤时间读书，因而华三人没有停止过读书。华三人持之以恒地读书，我们终将宁静而高雅！

立德树人

学科德育是立德树人的关键

一、做好立德树人需做好三项工作

立德树人是学校教育的根本任务，作为学校应着重做好以下三项工作：

1. 必须确定好学校的办学理念

办学理念是学校发展的指路明灯，灯的方位引领就是立德树人。我们学校经过历任校长的共同努力，确立了"以新基础教育理念为指导，在成事中成人"的办学理念，通过对有效教学的研究，提高课堂教学的效率；通过创新班规建设，提高学生自我管理的能力；提高教师教育的"三大工程"，提高教师立德树人的能力；通过创建和谐文明校园，提高师生在学校的成就感和满足感。确立好办学理念，立德树人的工作就有保障。

2. 必须建立好学校的课程体系

课程体系是立德树人的基本保障，培养完整的人，必须极大地丰富学校课程，让每一位学生既能学到基本的合格性知识与技能，又能让每一位学生看到自己的潜能，学到与自己的志趣相匹配的知识与技能。我们学校经过不懈的努力，现已建立了能够满足学生需求的课程体系，其中既有对基础型课程校本化实施的课程要求，又有对拓展型课程规范实施的校本教材建设，同时通过不断培育学校的特色发展项目，让研究型课程更具有学校的特色。

3. 必须挖掘好课程的育德要素

学校课程的实施有三维要求，在三维要求中具有育德要求的是情感态度与价值观。为此，在课程实施中必须高度重视情感态度和价值观。我们学校是上海市德育一体化的项目实施学校，我们发动学科教研组每一位教师的力量，重新梳理各学科的知识点，通过学科发展史的渗透、知识的价值及知识的应用等方面的要求，使学生能够有一个基本的价值判断，并且能够把这种价值判断迁移到学生的道德思想和行为习惯之中。同时，我们发动一批学有特长的教师开发学校的特色课程，在开发学校特色课程的过程中，不仅融入学校的办学理念，而且让学生在特色课程的学习中学会研究、学会做人，以达到成事中成人的教育思想。

二、教师要着重做好三项工作

立德树人是教师教学的根本任务，作为教师要着重做好以下三项工作：

1. 教师要有育德树人的教学思想

教育是通过教师的教学来体现的，教书的目的是育人，育人就要关注学生的价值取向、精神趣味和行为习惯。教师在教学中要有十分强烈的育人意识。我们学校通过规范备课要求，让教师不断思考如何挖掘学科的育德要素，在潜移默化中，让学生确立正确的价值观；通过写教学反思，总结课堂教学中的教学行为，让教师不断提升自己的育德能力；通过教学交流，以优秀教师的教学经验和教学实效为榜样，丰富教师自身的教学手段与方式，实现全员育人的目的。

2. 教师要有立德树人的教学方法

教师教学的有效性和教师在教学中采用何种方法密切相关，课堂中进行立德树人的教育，不能生搬硬套。我们学校通过学习方法的指导，让学生理解学习的积极态度，对学习成效具有至关重要的作用。推而广之，做任何事必须抱有积极的心态，才能把事情做好；通过学习评价的优化，让学生理解学习必须要有成果意识，有目的地学习能让学习达到事半功倍的效果；通过学习互助互帮，让学生理解学习只有共同提高，才能找到学习的价值和意义。推而广之，生活中人与人只有相互支撑，这个世界才能充满爱和温暖。

3. 教师要有育德树人的全面性

教师育德树人不仅仅在课堂，更需要在任何时间、任何地点，以实现全员育人的目标。学科教师的育德树人，有别于专门的德育工作者，不同学科的教师在育德中会有不同的效果，有时效果会出奇地好。为此，我校提出学科教师育德的要求，提出教师育德从课内延伸到课外，从学校延伸到社会。

教育要实现立德树人的根本任务，学科德育至关重要。让我们共同努力，培养好每一位学生。

教育因师爱而精彩

近期读胥一新老师的《快乐，源于师爱》，被作者因爱而收获爱的事迹所感动。作者在后记中所言使我深受启发，胥一新老师的反问："只有敬业才能乐业。只有先奉献师爱，才能收获学生的敬爱，收获学生的成功，而这正是我们教师职业的快乐源泉，你说对吗？"问出了教师的职业特点及教师的师爱逻辑。

一、教师职业的三个特点

教师有何职业特点？概括起来可有如下三个特点：

1. 教师的职业在形式上具有个体性

无论备课、上课、批改作业、课后辅导，还是对学生思想品德的教育都有个体教育的特点，具有较强的主观性和教师的个性特征，教师的工作不像生产部门的劳动那样要受到工作程序和操作规范的约束。

2. 教师的职业在内容上具有深刻性

教师的劳动是一种以智慧启迪智慧，以灵魂塑造灵魂，以爱心养育爱心的工作，教师的工作有时会影响学生一辈子。

3. 教师的职业在工时上具有模糊性

教师的工作是不分白天和黑夜，不分工作日和休息日，教师永远都在为学生的成长做准备。

教师的上述三个特点反映了教师职业的本质，所以当胥一新老师"看到教师在孜孜不倦地反复讲解习题，而学生却神情恍惚，心不在焉；看到老师苦口婆心地教育学生，而学生却桀骜不驯，反唇相讥"，不是选择放弃，而是想到了教师的职业使命，"这些学生毕竟还是孩子，而且他们住宿在校，如果连老师都放弃了，谁还来管他们"。经过胥老师的努力教育，最终学生在谢师联欢会上，一句整齐响亮、饱含深情的"老师，您辛苦了！"的问候声，道出了教师教育的全部价值。

二、师爱逻辑的三层含义

教师有何师爱逻辑？教师的师爱逻辑可以用一个命题来表示：因为我成了教师，所以我必须爱学生。此命题包含了三层含义：

1. 爱学生是教师成为教师的前提

因为教师的工作对象是学生，离开了学生，教师就会成为无本之木，无源之水，教师就不能成其教师。

2. 爱学生的人不一定能成为教师

因为教师还要具备教育的专门知识，包括心理学、教育学、学科专业知识，包括教师高尚的思想品德、良好的行为习惯、健全的心理性格品质等，因此，光凭一腔热情还不够。

3. 不能爱学生的人不能成为教师

因为教师的工作需要情感投入，教师只有走进学生的心灵世界，教师的工作才有成效。其他职业的工作，为了谋生可以不爱自己工作的对象和工作的产品，而教师不能。

三、教师的师爱逻辑四种举例

教师的师爱逻辑包含了对教师的无限要求，因为任何有利于学生成长的教育行为都可以要求教师去实施。因而，我们无法穷尽对教师的师爱要求，但我们可以用枚举的方法来避免教师的师爱不当，以下举例四种：

1. 师爱是一种公爱而不是一种私爱

即教师的爱是公正的爱，而不是一种自私的爱。

2. 师爱是一种全爱而不是部分的爱

即教师的爱是包括全体学生，对学生全面的爱，而不是对部分学生，对局部的爱。

3. 师爱是不计回报的爱而不是具有功利性的爱

即教师的爱是为了学生的成长，是为了学生未来能有尊严地生活，这种爱甚至也不像父母那样，养儿为了防老，完全是无任何功利性的爱。

4. 师爱是对教师一辈子的要求而不是一阵子的要求

即只要你是教师就必须心中有爱，把爱融入生活，把爱融入教育，用胥一新老师的话说就是："我愿用我的一生来守卫这份神圣的快乐。"

2010年我校为了加快班主任队伍建设，在高一年级中任命了一批年轻教师担任班主任工作。在实践过程中，教师们既收获了教育的精彩，又留下了教育的遗憾。分析教育的精彩，原因在于一些年轻班主任弘扬了师爱，使师爱在教育过程中得到了充分的发扬，因而班级管理得井井有条，所有学生和家长都很认同学校的教育；分析教育的遗憾，原因在于个别年轻班主任对师爱把握不准，虽有一腔热情，但终因持续力不够，再加上方法不到位，策略不讲究，导致部分学生不服教育，效果不理想。

从胥一新老师的《快乐，源于师爱》，到教师的职业特点及教师的师爱逻辑，我们要不断总结和反思教育的得失，高举师爱的大旗，使教育更加精彩。

让我们每时拥有"三心"

　　"自信心、责任心、感恩心"是我校学生工作的特色和亮点。如果每位学生都具备了这"三心"，他们就是一位好人，一位善良人，一位受人欢迎的人，一位马上就要接近成功的人。那么，如何每时每刻都拥有这"三心"呢？

　　自信心是做好事情的基础。生活上充满自信，则我们永远面对着灿烂阳光；学习上充满自信，则任何困难都将被我们踩在脚下。相信经过自己的努力和付出，必将有回报，因而我们要敢于迎接挑战，敢于接受挑战。对于高中生而言，会有哪些挑战呢？我认为主要有以下三方面的挑战：一是做人的挑战。我们要做好人，就必须抛弃一些私心的以自我为中心的偏激思想和行为。二是学习知识的挑战。我们要做文化人，就必须努力学习，刻苦学习，顽强拼搏，以时不我待的紧迫感和危机感认真学习。三是强身体的挑战。我们要做健康人，就必须认真上好体育课，认真做好广播体操和眼保健操，认真参加体育课外活动。

　　但我们要求学生们具有的自信心不是盲目自大，不是一意孤行，不是自以为是，更不是固执己见、钻牛角尖，而是建立在对自己充分的认识，精确掂量自己的分量基础上，表现出在学习和生活上克服困难的勇气和信心。同样，我们所说的自信心也不是我说行就行，我说怎样就怎样，而是要善于听取一些善意的意见，用自己的行动战胜一切艰难险阻。孔子曰："仁者不忧，智者不惑，勇者不惧。"不忧、不惑、不惧是一种自信，但要以仁、智、勇为保障。我希望通过学校教育，让学生相信自己、相信家长、相信教师、相信学校能使他们成功。

　　责任心是人之所以为人的基本要求。人活在世上，就必定要扮演多个不同的角色，承担多份不同的责任。对于学生，我想应承担以下四份不同的责任：

其一是对自己的责任。命运掌握在自己手中，我们要使自己成为充实的人，受他人欢迎的人就必须严格要求自己，在思想品德上高标准，在行为规范上严要求，真正对自己负责。其二是对家庭的责任。父母养育我们，我们理应为家庭承担更多的责任或者为以后担当家庭的重任做更多的准备。其三是对集体的责任。班级是我们成长的地方，也是增长我们知识才能的地方，我们理应自觉维护班级的荣誉，为班级建设增光添彩，而不是为班级抹黑。学校是我们受教育的地方，也是我们憩息的港湾，我们理应像呵护自己的眼睛一样爱护我们的学校。其四是对社会和国家的责任。我们现在所处的生活环境、秩序、规则都是社会和国家给予我们的，当社会和国家在保护我们时，我们不能漠然无视，而必须要承担起对社会和国家的责任，自觉地遵守规则，履行公民应尽的各种义务。

我们谈责任心，就不能不说情感、意志与行动。因为责任心是以情感为基础的，一个孩子如果对父母没有感情，就不可能对家庭承担任何责任；一个对社会、祖国、人民没有感情的人，就不可能面对紧急情况挺身而出，捍卫公平和正义。另外，责任心是靠意志来维持的，因为我们面对自己、家庭、集体、社会的责任是自始至终的，没有一定的意志力，很难持久地维持自己的责任心。当然，具有责任心不是嘴上说说，而是以行动来表现的，对于学生来说，就是要以实际行动把自己的思想、品德、性格、学习、身体弄得好好的。

感恩心就是要求我们每个人具有对生活、父辈、师长、社会、国家的敬畏感激之情。感恩是一种处世哲学，是生活的大智慧。对于感恩心我想讲三层含义：其一，在感恩心养成中我们首先必须要感恩生活。因为人生在世，不可能一帆风顺，种种不如意、无奈都需要我们勇敢面对，旷达处理。记得英国作家萨克雷说过："生活就是一面镜子，你笑，它也笑；你哭，它也哭。"我们感恩生活，生活就赐予我们灿烂阳光；我们不感恩生活，一味地怨天尤人，最终可能一无所有。其二，我们应把感恩当作一种习惯。面对父母的养育，我们应该说声谢谢；面对老师善意的批评和提醒，我们应该谢谢老师；面对学习上的困难与挑战，我们也应该说声谢谢，因为它能磨炼我们，从而让我们更坚强。其三，多一点感恩，少一点抱怨。感恩越多，财富越多，因为你常怀感恩心，他人就愿意帮助你，教育你，你就有可能拥有更多的智慧。反之，我们就会远离群体，时间一长我们就会孤立，最终使我们性格怪僻，变得不近人情。在这里我想说一段世界科学巨匠霍金的话："我的手还能活动，我的大脑还能思维；我有终生追求的理想，我有爱我和我爱着的亲人与朋友；对了，我还有一颗感恩的心……"命运之神对霍金苛刻得不能再苛刻了，他口不能说，腿不能站，身不能动，可他仍感到自己很富有。与霍金相比，我们什么也不缺，可当我们学习上遇到一点问题，生活上遇到一点困难，交友上遇到一点挫折，我们就开始怨天尤人，自暴自弃，甚至拒绝父母的教育，拒绝学校教师的教育，个别学生竟不懂事地顶撞师长苦口婆心的教育。同学们，鸦有反哺之义，羊有跪乳之恩，滴水之恩，当涌泉相报，这是做人的底线与基础。

强化规则意识：班规建设的思考与实践

　　法治时代需要规则意识，高中阶段是学生规则意识养成的重要时期。自2011年起，我校以班规建设为契机，努力让学生在自我管理的过程中，学习法律知识，增强规则意识，逐步形成了以班规建设为特色的学校德育工作新亮点。

一、以问题导向，分析教育中存在的新问题

　　现在的学生主体意识增强，维权意愿强烈，但在学习和生活中对与规则有关的一些问题认识模糊，以下三个问题经常困扰着学生。

　　问题一：少数服从多数是一条议事规则，但当我成为少数时，我想不明白，如何表达我的困惑？

　　问题二：民主集中制是一条组织原则，但在集中时未能采纳我的主张，我无法理解，我该如何陈述？

　　问题三：违反规则要受到惩戒是一条常识，当他人违反规则时，必须要惩戒，但当自己违反规则时，总是找借口，想方设法逃避惩戒，希望规则对人不对己，如何转变这种认识？

　　为何会产生上述这样的问题？我们分析并总结出以下三方面的原因。

　　一是学生对规则的认知不全面。由于学校教育没有系统地组织学生学习与规则相关的知识，学生不明白规则的目的、意义和基本要求，因而对规则的理解大多是零碎和片面的。

　　二是学生对规则的体验不深刻。独生子女是家庭的中心，大多数家长宠着孩子，学生在家庭中几乎无规则约束，也几乎无规则体验。在"一切为了学生"的教育理念指导下，学校对学生也是关爱有加，学生受挫的机会减少，对规则的体验并不深。

三是学生没有参与制定规则的机会。学校的校规是学校的领导和教师们制定的，与学生无关；班级的规则是班主任或是个别班干部制定的，与绝大部分学生也无关；社会上几乎所有的规则都不是学生制定的，更与学生无关。

二、立足校情实际，找准德育工作的载体和切入点

经过对问题的成因分析，结合学校的办学实际，我校把班规建设作为增强学生规则意识的重要载体和切入点。

一是和我校的办学理念有关。我校的办学理念是"以新基础教育理念为指导，在成事中成人"，新基础教育理念强调教育的生命性、社会性和未来性，这"三性"都和规则相关。生命性要求教育要尊重生命、遵循规律；社会性要求教育要面向社会，为未来社会培育合格的公民，公民的基本要求是守规则；未来性要求教育要着眼于未来，未来社会必将是法治社会，人们的规则意识会更加强烈。二是和我校的育人目标有关。我校的育人目标是培养"能学习，会生活，有特长"的学生，能学习体现在学习上要讲究方法，把握规律；会生活体现在生活上要讲究科学，体恤他人；有特长体现在学有所长，有自己的兴趣爱好。这三方面的育人目标体现了学生在成长过程中要遵循规则。三是和我校的生源特点有关。我校是由华东师范大学、金山区人民政府和上海石化股份有限公司合作共建的上海市实验性示范性高中，生源的特点是"起点较低，层次较多，比较肯学"，三方合作办学的高要求和学校的生源有比较大的落差，要实现学生成长的高增长性，必须有良好的班风和学风作保障，班规建设能有效形成学校良好的班风和学风。

三、完善班规建设，形成班规建设"六环节"

1. 学习法规知识环节

在制定班规之前学校组织全体学生学习法律知识，使学生了解国家法律法规的基本原则和基本程序，知晓相关法律知识和法律实施过程，让学生树立法的意识和法的思维，形成以法行事的基本理念。学习环节不仅为制定班规提供了基础条件，而且是一次很好的普法教育，更是一次极佳的社会主义核心价值观的培育过程。

2. 班级情况分析环节

为保证制定的班规符合本班实际，在班主任的倡议下我们组织全班学生

进行班情分析，内容包括精神面貌、礼仪礼节、行为习惯、学习态度、学习状况、艺体素养、团队合作、志愿服务、关系处理、组织纪律、环境卫生、社会公德等方面，从亮点优势、存在不足、条件原因、改进目标和措施步骤这五个方面进行分析。分析环节既是统一思想的过程，又是查摆问题的过程，更是确定目标、明确任务的过程，使制定的班规更有针对性和可操作性。

3. 人人制定班规环节

在班主任组织下，本班的所有学生每人起草一份班规，这份班规不规定条目和字数，不要求完整和规范，只要求对个人认为最重要的部分或亟待解决的问题作出规定。人人制定环节不仅体现了"把班级还给学生"的思想，而且充分发扬了民主，增强了学生的主人翁意识，发挥了班级每个学生的作用。

4. 集体确定班规环节

为保证制定的班规体现班集体的意志，各班级由全体学生投票选举产生五人班规修订小组，负责收集、汇总、梳理、筛选由每位学生各自制定的班规，以小组讨论的形式，确定班规初稿，然后召开班级全体学生大会，由修订小组的组长向全体学生作出说明并征求大家的意见，在广泛听取意见后，由修订小组再次讨论并形成表决稿，再次召开全体学生大会投票表决，最终确定班规。

5. 班规实施环节

由修订小组的组长负责对通过的班规进行再次详细解读，此次解读的目的就是再次统一思想，让班级的每位学生铭记班规。随后经全体学生表决产生班规实施小组，负责班规的具体实施，具体工作包括检查、监督、记录班规实施情况，对违反班规的事件进行举报、查实、听证、惩戒和公示。班规实施的过程就是一个学生不断修正和规范的过程，在这个过程中班级的秩序建立了，良好的班风和学风就能逐渐形成，这是一个学生成长的过程。

6. 完善修订班规环节

制定的班规经过一学期或一学年的运行，随着班级面貌的改变，班规的有些条款或已经不合时宜了，或已经不起作用了，于是班级的班规实施小组就要提出建议，启动完善修订班规的程序，班规的建设又进入了一个新的周期。完善修订班规表明班规的建设是一个动态的生成过程，班规不可能一次成型，也不可能一成不变，我校三年的班级管理就是一个班规制定、实施、修订的过程，实践表明这样的过程有利于学生成长。

四、班规建设成效初显，学校面貌有新变化

1. 师生关系更和谐了

过去师生之间的矛盾缘于沟通不畅，处理问题的依据不一致，产生教师处理有"理"，学生申诉也有"理"的尴尬局面。有了班规，师生面对的是同一个理，学生遵守班规，老师也要遵守班规，违者用同一个"理"处理。师生在班规面前具有同等地位，在这样的环境氛围中，师生关系和谐，教育工作就顺畅和有效。

2. 学生自主管理的能力更强了

过去学生在学校中是被动的，被教师管，跟着教师学，这样的校园生活乏味无趣，师生均不满意。班规建设激发了学生校园生活的热情，彰显了学生的主人翁地位，我的班级我做主。在班规的建设过程中学生的自主意识增强了，学习主动了，学校开展的各种活动能积极参与了，一个可喜的情况是学生的社团活动无论数量还是质量比之前均有了明显的提升。

3. 学生的规则意识更强烈了

过去学生处事随意，常常抱有无所谓的态度，通过班规的制定，学生们的规则意识增强了，特别是对生活、学习、交往的规则意识明显增强，做事更有条理了。

4. 学生的精神面貌得到了根本性改变

我校学生精神面貌的变化缘于一个小细节的变化，过去师生相遇主动和教师打招呼的是少数学生，现在师生相遇"老师好"的问候声不绝于耳，不好意思问好的学生也会微微腼腆一笑，师生会意，温暖人心。班规建设给我们带来了惊喜，有学生认为："班的事，事事有人做，方能时时无事；班的人，人人有事做，就会处处有人。"还有学生认为："班规能够让我们在自己选择的各种各样的路上走得更快更远，守规守矩，这是华三人应有的品质。问我华三何为醉，恰似我班少年守班规。"彰显了学生对学校的自豪和对自己的信心。

班规是班级最大、最重要的规则，也是社会中最小的规章制度。班规建设有助于培养和强化学生的规则意识，有助于塑造学生"守法平等""诚信友善""合作竞争"的公民人格。我们将继续以班规建设为载体和切入点，为培育法治文化、树立法治观念、推进依法行事做出我们应有的教育成效。

"问题学生"转变，我们要关注

        读梁晓声老师的《中国文化的性格》，被梁老师对中国文化的研究成果所折服。在对中国文化的性格思考的同时，以下两段文字，引起了我对"问题学生"转变的思考。

        段落一：马卡连柯的《教育诗》。内容：苏维埃共和国初期的孤儿院院长马卡连柯，在孤儿院粮食短缺的情况下，将一笔巨款和一支枪、一匹马交给了孤儿中一个"劣迹"分明的青年，并言明自己交托的巨大信任，对孤儿院的全体孩子们意味着什么。那青年几乎什么也没表示便接钱、接枪上马走了。半个月过去，人们都开始谴责马卡连柯。但某天深夜，那青年终于疲惫不堪地引领着押粮队回来了，他路上还遇到了土匪，生命险些不保。

        段落二：他问马卡连柯："院长，你是为了考验我吗？"马卡连柯诚实地回答："是的。""如果我利用了您的考验呢？""当时的情况不允许我这样想。你知道的，只有你一个人能完成任务。""那么，您胜利了。""不，孩子，是你自己胜利了。"高尔基看了《教育诗》大为感动，邀见了马卡连柯院长，促膝长谈。它使中学时期的我相信：给似乎不值得信任的人一次值得信任的机会，未尝不是必要的。人渴望被信任，正如植物不能长期缺水。

        梁老师把马卡连柯《教育诗》的这部分内容写进《中国文化的性格》，一方面说明《教育诗》对梁老师的深刻影响，另一方面说明中国文化的性格和世界各国文化在某些方面是相通的，有时会惊人地相似。但在我看来，中国文化的性格体现在教育上，就是把原本有问题的学生培养好，把原本没有问题的学生培养得更好。

        何为"原本有问题的学生？"在现实教育中，我们经常会遇到这样的学生：思想偏激、性格孤僻、行为懒散、精神不振、厌学厌世。

　　怎么会有这样的学生？通过对不同问题学生的分析，归纳起来有三种原因导致问题学生的产生：一是家庭教育缺失。父母离异，孩子归父母一方抚养，一方抚养的父母重新组成家庭后又生育孩子，亲生父母无暇顾及孩子的教育。二是家庭教育不当。父母教育孩子的思想不统一，策略和方法不一致，有些父母在教育孩子时简单粗暴，孩子与父母情绪严重对立。三是学校教育不对路。教师对学生缺乏了解，研究不够，满足于文化知识的传授，简单地用学习成绩来评判学生，导致师生关系紧张。

　　有无好的方法把这样的问题学生培养好？从"给似乎不值得信任的人一次值得信任的机会，未尝不是必要的"这句话中受到启发，我们可以尝试以下五种方法：一是要有爱心。从教师立德树人的高度，爱学生。这种爱是无私的，不计回报的；这种爱是持久的，发自内心的。把问题学生培养好，爱是前提，没有爱不仅不能转变问题学生，有时甚至会把好学生弄成"坏学生"。二是要有耐心。转变一个问题学生需要时间，要和风细雨，润物无声；要给学生转变的机会，为学生铺路搭桥；给学生努力的小目标，引导学生一天更比一天好。三是要有针对性。问题学生的成因各不相同，需要用不同的方法，要建立"一生一方案"，根据不同的学生，实施个别化教育；要以"一把钥匙开一把锁"的思想，寻找教育学生的突破口，走进学生内心，拨动学生心弦，和学生同频共振。四是要捕捉学生的闪光点。每一位学生身上都有优缺点，即便是问题学生。教育者要以"火眼金睛"捕捉学生身上的优点，并适时进行表扬；表扬学生如同给缺水的植物浇水，让学生看到希望，给学生继续努力的信心。五是要让学生有活干。让学生转变，必须要给学生转变的平台。替教师做点小事，能拉近师生之间的距离；给学生展示特长的机会，能增强学生的自信；让学生分管一小块班级管理工作，能让学生融入班集体。

　　当下的教育，似乎更注重对优秀学生的培养，似乎更注重学生考进北大和清华，而对问题学生似乎缺乏关注，因而由问题学生转化为优秀学生的案例少之又少，如对留级学生，有人做过一个调查，因学业成绩差而留级的学生，重读一年之后成绩同比提高的有90%，而升入高一级年级之后，学习成绩提高的学生只有不到10%。此调查结果说明，留级学生第一年成绩有所进步的原因在于对所学的知识再学了一遍；第二年学习成绩没有显著提高的原因表明学生的学习又回到了原点。制定"留级制度"的初衷，可能就是要让学习跟不上的学生再学习一年，打好基础，跟上班级学习的节奏。现在看来，这个初衷没有达成，也就是对这部分学习上的问题学生转变工作没有成功。究其原因，除了问题学生成因的前两个原因之外，第三条学校的原因是主要的。由于不正确的教育观，学生学习成绩差，老师潜意识中有这样的想法，学不好留级吧，留级了所教的班级就好了；留到了一个新班级，新班级教师潜意识中也有想法，学不好是因为留级生，好像与我关系不大。由于对留级生缺乏关注与关爱，留级生继续学习的状况堪忧。

"把问题学生培养好"有时比"把没问题学生培养得更好"更重要，否则高尔基不可能对《教育诗》大为感动，否则马卡连柯也不可能去办孤儿院，否则梁晓声老师也不可能把马卡连柯写进《中国文化的性格》，因为问题学生比没问题的学生更需要培养，更需要教育的阳光雨露。

读《中国文化的性格》有感，让我们关注问题学生。把问题学生教育好，转变好，这是中国文化的性格，同样是中国教育的性格，我们还需努力。

和"差生"张宇的三次对话

张宇，高高的个子，结实的身体，操一口标准的普通话。除此之外，差生所具有的一切特征他几乎都有：上学迟到、作业抄袭、听课昏昏欲睡、对老师的一切批评忠告都置之不理。教师们似乎都很头疼他。

接这个班级的数学教学任务已有一个多月了，从平时的作业来看还算比较满意，至少每次都能按时交。第一次单元考，他得了32分，于是我就仔细观察他听课情况：桌上只有一本教科书但从不翻动，眼睛定定地看着黑板但从不正眼看老师，课堂练习从不急于做但当老师走到他跟前时已经做好。一个周二的下午我约张宇在数学组的办公室相见，于是我们之间有了第一次对话。

"数学学习有什么问题吗？"张宇头也不抬地说："没有。"

"那考试时怎么错了这么多？"张宇沉默了一下，回答："我也不知道。"

"上课听得懂吗？"他没有回答，勉强地点了点头。

之后的问答都在相当沉闷的氛围中进行，整个过程张宇的眼睛几乎没有正视过我，师生再见时似乎还很沉闷，但是点着头走出办公室的。

第二次单元考试数学得了63分，张宇人也变得精神了，其母亲也给我来了个电话，说了一些感谢之类的话。但两周之后，上课、听课、作业依旧，学习无精打采，见着老师就躲，实在避不开老师，扭着头视而不见。只不过有两件事让我又一次关注他。早晨早读课前、中午吃好中饭、下午放学后总见张宇在学校的篮球场上打球，天天如此，有时是两三个学生一起，但更多的是一个人，空旷的篮球场上只听到单调的拍打篮球声。学校和班级所有的除文化课以外的活动他全都参加，尽管经常被学生嘲讽。期中考试数学又是不及格，43分，于是在数学组的办公室我们又进行了第二次对话。

"老师希望你玩球、活动和学习两不误，数学至少要及格，怎么又老样子了。"张宇仍然低头不语。

"下次数学如再不及格，叫你父母领回去！"话音刚落，只见张宇猛地抬头："老师，下次我一定认真学数学。"

"能否保证下次数学及格？""保证！"他不假思索地回答。

20分钟的师生相谈，其中也包括学习的方法和学习的习惯及张宇的个人爱好，离开办公室时张宇脸上露出一丝笑意。

期终大考，张宇以期末五门学科不及格且数学27分的成绩被学校以留级论处。新学期开学第一天张宇没来读书，第二天也没有，第三天父母来学校，商量张宇离家出走的对策，还好第四天他回学校上课了，听闻学校要处分他，晚上他给我打了个电话，要求与我长谈一次，相约第二天放学后在学校的操场上见。

第二天，张宇来了，从离家出走三天的经历和感悟，从家庭、同学、学校一直聊到天黑，最后一句话："老师，你放心，我会过好在学校剩下的每一天。"从张宇的眼神看出，这句话他是发自内心的。

转眼新学期又过了大半，张宇三次数学考试均在70分以上，篮球场上见他的次数也少了，班级活动上见他幼稚的各种表现也少了，代之的是一位好好学习的张宇。

这几天，每每看到张宇那成熟的样子，我总有一种欣慰的感觉。

遵循三条定律，我们必然优秀

一、物理学中的能量守恒定律

能量守恒定律即热力学第一定律，主要内容是：一个封闭（孤立）系统的总能量保持不变。能量守恒定律表明，能量既不会凭空产生，也不会凭空消失，它只会从一种形式转化为另一种形式，或者从一个物体转移到其他物体，而能量的总量保持不变。能量守恒定律对我们的启示如下：

每个人拥有的时间是固定的，每天24小时；学校给每一节课的时间是固定的，每节课40分钟；除去学校给每一个学生安排的时间外，剩下的时间对每一个学生而言也是固定的。根据能量守恒定律，谁浪费的时间多了，谁的学习时间就少了。学习是熟能生巧的过程，需要足够的时间。因而，每个学生要有管理时间的意识和能力，剔除玩手机的时间、动作慢浪费的时间、傻傻地呆想的时间、上课效率不高浪费的时间，我们就有充足的时间去学好每一门功课。

二、化学中的结构决定论

结构决定论的主要内容是：物质的结构决定物质的性质，物质的性质决定物质的用途。最典型的是金刚石和石墨这两种均由碳原子构成的物质，由于金刚石的碳原子是以立体的形式排列，导致金刚石其硬无比，而石墨的碳原子是以平面的形式排列的，导致石墨与金刚石的性质大相径庭。结构决定论对我们的启示如下：

高效的学习是一个不断结构化的过程，如果把教师、教材、作业、上课等比作碳原子，那么学校给每个学生提供的学习环境和条件均是相同的，而最终每个学生学习之后的效果为何大相径庭？原因在于这些相同条件的结构排列出现了不同。就学科而言，学校开设了语文、数学、英语等十多门学科，每门学科的要求不同，那么学习的方法、学科的思维、所花的时间都应有所不同，如果每个学生找到了适合自己的应对不同学科的学习策略，建立了良好的学习结构，学习就会如鱼得水、游刃有余。

三、哲学中的内外因关系原理

内外因关系原理的主要内容是：事物的发展是内因和外因共同起作用的结果。内因是事物变化发展的根据，外因是事物变化发展的条件，外因通过内因起作用。坚持内外因结合的观点，必须坚持三条原则：一是内外因全面看，二是高度重视内因，三是具体分析外因。内外因关系原理对我们的启示毋庸置疑。

学习是内外因共同作用的结果。华三的所有教师精心备课、认真上课、耐心辅导、及时批改作业，华三的学生们认真预习、高效听课、主动复习总结、积极完成各科作业，师生共同努力，内外因共同起作用，华三的学生便会不断优秀；华三的学生必须高度重视内因，学习自主、自觉，并不断自我反思、自我调整、自我优化，华三的学生会更优秀；华三的学生必须客观分析外因，学习基础、家庭背景、学校教师均已经客观存在，抱怨已于事无补，我们所能做的就是积极挖掘外因的有利因素，以阳光的心态、充沛的精力、良好的精神面貌挑战学习中遇到的各种困难，华三的学生必然优秀。

平庸的原因千千万，但优秀自有规律。新学期，我们共同遵循上述三条定律，让优秀成为必然！

"直升机父母"的启示

读美国教师蒂姆·沃克的《不做"直升机父母"的芬兰家长》。文章叙述了一名小学二年级学生卡拉放学后在家庭中的独立表现。作者对"直升机父母"的解释，以及在文中表述的三个事实，引起了我对家庭教育和学校教育的思考。

"直升机父母"最早出现在美国，1969年美国亲子关系研究专家海姆·吉纳特的著作《父母和青少年》中，一名青少年抱怨道："妈妈像直升机一样在我身边盘旋。"1990年，美国心理学家福斯特·克林纳和教育顾问吉姆·费造出了"直升机父母"一词。这类父母就像直升机一样，无时无刻不在孩子周围打转，想方设法地防范任何不好的事情发生在孩子身上。

一、蒂姆·沃克表述的三个事实

事实一：芬兰家长从来不做"直升机父母"，但孩子们不仅"应付自如"，而且他们获得的自由越多，就变得越具有自主性。8岁的小女孩卡拉放学后独自回家，回家后，她会先把作业做完，然后把炉火打开，打蛋，然后放进煎锅，一气呵成。接下来，卡拉就开始享受属于她一个人的愉悦时光了。

事实二：美国孩子的独立性不如芬兰孩子，美国人过度担心孩子会不会遭遇到危险，或渴望孩子能够成功，因此家长一直扮演着较为积极的角色，较少有机会让孩子独立地去完成某项工作，特别是在孩子的成长初期。父母往往认为，只要对孩子做较大程度的掌控，就可以把风险降到最低。

事实三：芬兰教师在教学中经常会设计"独立学习周"。在这一周里，几乎每个科目，学生都收到了一张任务列表，他们要完成列表上的所有任务，学生们可以按照自己的进度来完成表单上的各项任务，只要在规定的时间内完成即可。在这段时间内，教师不会紧盯着他们。

二、对家庭教育环境的三方面思考

学生成长需要良好的教育环境。教育环境错综复杂，但其中主要有三大环境，即家庭教育环境、学校教育环境和社会教育环境。单个人无法改变社会教育环境，但每个人的教育行为改变并构成社会教育环境。从《不做"直升机父母"的芬兰家长》中，我对家庭教育环境有如下三方面的思考：

1. 我们不要做"直升机父母"

孩子是一个独立的生命个体，他的成长有其自身的规律。比如，饿了，会主动寻找吃的东西；痛了，会主动规避痛的条件；冷了，会主动寻找保暖的衣物。如果父母一味地帮助，孩子的生存能力或自我管理能力就会下降。在学校中，我们不时会看见"直升机父母"的身影，生怕孩子上学不安全，即使家住在学校附近，仍由父母开车接送；生怕孩子学习不进步，不是抱怨教师年轻没经验，就是抱怨教师年纪大缺活力；生怕孩子学习苦，孩子一说身体不舒服，即使医生诊断无病，家长也要寻找各种理由向教师请假。"直升机父母"起到的作用是拔苗助长，十分不利于孩子成长，我们不能做"直升机父母"。

2. 我们不能对孩子撒手不管

孩子的成长需要良好的外部环境，犹如植物的生长，需要阳光、水分和养料，也需要不时地修修枝，经常防治病虫害。因而家庭教育要为孩子创设良好的教育环境，父母要以身作则，要言传身教，在润物细无声的环境中让孩子健康成长，不能认为孩子成长是孩子的事，而对孩子放任不管。在教育实践中，我们也会遇到对孩子的成长不管不顾的家长，孩子在成长中出现问题，当老师与家长沟通时，有些父母仍然不以为然，认为教育孩子是教师的事。我们不做"直升机父母"，但对孩子必要的关心还是十分必要的。

3. 我们要为孩子提供各种学习经历

孩子生活的经历就是学习的经历，学习的经历本质上就是要让孩子知晓各种生活规则。比如，过马路，要告诉孩子遵守交通规则，告诫孩子不遵守交通规则要害人害己；比如，带孩子出门旅游，要告诉孩子遵守社会公德，不大声喧哗，不乱涂乱刻，要文明旅游；比如，带孩子参加朋友聚餐，要告诉孩子尊敬长辈，要乐于为大家服务，要先人后己。孩子懂得各种规矩了，孩子的成长就能健康。

从作者的第三个事实中，我对学校教育也有如下三方面的思考：

1. 学校教育不能包办过多

现在的学校教育太过于精细化，学生在学校内的每一个时段内均有严格的安排，教师的每一节课均要精心设计，学生的每项学习活动教师们均要周到安排，学生基本上在教师的全程把控中度过一天的学习。美国孩子对"直升机父母"很抱怨，我们现在的某些做法实际上与"直升机父母"无异，我们充当了"直升机老师"，学生可能也要抱怨。

2. 学校教育必须变革

从芬兰教师的"独立学习周"中我们有所启发，我们要改变我们的教育，首先要改变教师备课的策略、方法与内容。教师备课的策略不能放在如何让自己讲清楚，而是要放在如何让学生明白学什么；我们备课的方法不是把教师要教的内容全写在备课本上，而是要为学生设计任务清单，让学生依着清单去学习与实践；我们备课的内容不是一个章节的知识点，而是为学生设计问题，让学生在解决问题的过程中学到解决问题的知识。

3. 学校教育要给学生成长的空间

"独立学习周"中的独立，就是给学生自主学习的时间和空间，但这种独立不是"放羊"，而是有要求地"放羊"，放羊的目的是让羊能找到草，吃好草。因而学校要给学生自主学习的时间，早读课的时间、自习课的时间、晚自习的时间都要还给学生，让学生根据自己的需求自主学习；学校要给学生自主学习的空间，学校要开放图书馆、实验室、艺术馆、体育馆，让学生根据自己的兴趣爱好做深层次的学习探究。

美国教师蒂姆·沃克《不做"直升机父母"的芬兰家长》，体现了教育的本质要求，教育既不能包办，也不能放任，教育能做的就是为学生创设良好的成长环境，学生成长的良好环境创设好了，教育的任务就完成了。对照当下的教育现实，我们任重而道远。

人生，还有更重要的事

  生活中，人们往往努力做自己认为重要的事情。今年的语文高考作文题，为忙忙碌碌的我们提了个醒。高中三年一晃而过，我们做了我们认为重要的事情。今后的人生，我们还有更重要的事情要做。

  三年高中，我们已经做了很多重要的事情。

  高中三年，学校狠抓学生行为习惯教育，并且用"四不规范"来约束学生的行为。不乱丢果皮纸屑，表面上是为了营造整洁的校园环境，实质上是为了让学生养成良好的卫生习惯；不说粗话脏话，表面上是为了创设校园优美的语言环境，实质上是为了提升学生的语言应用能力；不边走边吃零食，表面上是为了形成校园较好的卫生环境，实质上是为了使学生养成科学的用餐习惯；不随处摆放物品，表面上是为了使教室规整，实质上是为了使学生养成良好的生活自理能力。这样的规范教育很重要！

  高中三年，学校狠抓学生学习能力的提高，并且用学校的特色课程来丰富学生的学习经历。学校的光启华三分院，表面上是学校的特色发展项目，实质上是为学有潜力的学生搭建实践研究的平台；学生社团，表面上是学校的拓展型课程，实质上是为全体学生提供培养兴趣、展示特长的机会；学校的体育节和艺术节，表面上是学校的传统项目，实质上是为了充分展示学生的艺体特长，提升学生的艺体素养；学校的人文书院，表面上是为了完善学校的教育机构，实质上是为了全面培育学生的人文素养，让华三的学生文质彬彬、知书达理。如此丰富的学习经历亦很重要！

  高中三年，学校狠抓学生自主管理能力的提升，并且用各种活动来提高学生的自主管理能力。成立学生干部培训班，表面上是为了发挥学生干部的桥梁、带头作用，实质上是为了提升部分学生的管理能力和创造能力；成立年级学生会，表面上是为了完善学生组织机构，实质上是为了让更多的学生有锻炼的机会；学校组织学生赴南京、绍兴、安阳考察，表面上是"旅游"活动，实质上是为了开阔学生视野，在活动中培养团队意识，实现"行百里路，读万卷书"的目标。这种自主能力的培养也极其重要！

未来人生，我们有更重要的事情要做。

脚踏实地，永戒浮躁。华三有市实验性示范性高中学生的"六条标准"，要达到"高尚的思想品行、良好的行为习惯、科学的学习方法、较强的组织管理能力、阳光的性格心理、健康的身体素质"，必须要脚踏实地、淡定平和。市场经济追求效益第一，华三培养的未来公民，要诚实、守信，要坚守底线，不做造假、坑蒙拐骗之事，任何时候心中都要有正确的"指南针"，我们要成为社会的正能量。当代社会开放、多元，华三毕业的学生要有自己的价值取向和行为准则，我们要似法国雕塑家罗丹的"思想者"，理性而深刻；更要有"暮色苍茫看劲松，乱云飞渡仍从容"的心态。这是一种智慧，也是一种境界。

尝试探索，永葆童心。"木桶理论"告诫的是要补短板。短板要补，进入大学，我们更要有自己的长板。请记住，未来决定我们走远的是我们的长板。培育长板，要不怕失败，不怕出丑，要敢于实践，勇于探索。老子曰："含德之厚，比于赤子。"我们要似初生的婴儿，柔软而坚强、纯净而无邪，永远充满活力。我们要保持童心，永远不能泯灭孩子气的天真，米老鼠从何而来？源于华特·迪士尼的天真和童心。马云神话因何诞生？源于他的想象力。想象力是童心的本质，是创新的基础。华三培养的学生不能墨守成规，不能老气横秋，我们要有组合的能力、拆分的能力，我们更要有无中生有、异想天开的能力。

不断追求，永怀梦想。青年人要有理想。古希腊哲学家苏格拉底说："世界上最快乐的事，莫过于为理想而奋斗。"华三的学生要思考四年大学的生活，要思考未来的人生之路，更要思考将来自己为祖国贡献什么！中国梦必定由年轻一代的理想和梦想组合而成。实现梦想，要积极行动。《论语》有云："子在川上曰，逝者如斯夫，不舍昼夜。"当目标确定，就要明晰方法和路径，然后马上行动。在行动中，要轻装上阵，努力做到物质生活简单，人际关系简单。实现梦想，要丰富心灵。知识经济社会，不断学习是生活的常态，学然后有疑，疑然后有思，思然后有得。我们要终身学习！

华三微光伴一生

今年的高考语文作文题，不仅形式新颖，而且寓意深刻。凡人的微光无意中就舍弃了，而天才的成就中却有我们最初的微光。这就是凡人和天才的区别。

经过三年刻骨铭心的锤炼，华三2012届的学子们正走在天才之路上，因为我们没有似凡人般地把微光舍弃，而是把我们在学校三年中的所有微光都搜集铭记，其中包含了我们同学的微光、老师的微光和学校的微光。

往事如梦，点点滴滴。走在上学路上，我们期待着一天美好、快乐的学习生活；在课堂之中，我们专注于教师们出神入化般的启迪和演绎，我们期待着用知识来装点自己；在运动场上，我们喊出嘹亮的口号，迈着整齐的步伐，我们期待着用强健的体魄来撑起未来一片蓝天；在晨会课、班会课上，我们指点江山，激扬文字，畅谈着聪明乔布斯的智慧、最美张老师的果断，热议着"神舟"号和"蛟龙"号的神奇，我们由内而外地憧憬着一切美好的事物。这是我们同学的微光。

披星戴月，呕心沥血。夜幕下，我们挑灯夜战——批改试卷、精心备课、反思一天教学的得失，我们期待着用汗水浇灌出一片葱绿和茁壮；走廊上，我们苦口婆心、反复叮咛，用语重心长的言语感染着学生们的心，我们期待着每一位华三的学子能够灿烂、阳光、懂事；教室中，我们使出浑身解数，用小专题、小练习不厌其烦地教导学生学好、学透、学出滋味，我们期待着未来从我们这拨学生中成长起来一些天才和大家；军训的烈日下、南京和绍兴的社会考察活动中，我们和学生们同吃、同住、同喜、同乐，共同成长，我们期待着给学生更多的阅历，使华三的学子能不留遗憾、自信地跨入大学的校门。这是我们教师的微光。

苦心经营，上下求索。在学校的办学理念之中，我们高举着"新基础教育理论"的大旗，因为"新基础教育理论"所倡导的教育的生命性、未来性和社会性，能使我们的学生健康成长、有效成长，学校期待着华三的学子"勤奋、善学、懂感激"，成为"能学习、会生活、有特长"的优秀的市实验性示范性高中毕业生；我们不遗余力地推进学生社团的建设和发展，就是希望学生们在高中三年中能有效培养自己的策划能力、组织能力、协调能力和各种创意能力，学校期待华三的学子中有未来的CEO和CFO；我们积极利用各种教育资源为学生们的发展搭建平台，华东师范大学的专家、教授们给我们带来了知识和方法，使我们领略了大师的风采，师大先进的实验室使我们开了眼界，我们和美国科罗拉多州立大学建立五年合作关系，和日本长崎外国语大学建立友好学校，就是希望为华三学子更好地成长增添渠道和选择，我们期待今年有幸赴CSU上学的两位学生能一生幸福。这是我们学校的微光。

有微光相伴的一生是幸福踏实的一生。走在十字路口，有学生、老师、学校的微光，我们就能从容地辨识目标，淡定地做出判断和选择。华三2012届的学子们，让我们深深地珍藏这三年中积聚的微光，相伴一生。不远的将来，我们终将成就天才的作品，成为天才！

人生需要预测

今年的上海高考语文作文题很契合高考新政，要求学生们围绕"预测"写作。试题如下："预测，是指预先推测。生活充满变数，有的人乐于接受对生活的预测，有的人则不以为然。请写一篇文章，谈谈你的思考。"此作文题引发了我对预测的思考，送给华三2017届的学生们。

生活需要预测，人生更需要预测。有预测的人生，人就不会随波逐流，行动就有方向。学校为每一名学生配一位导师，开展生涯规划教育，就是为每一名学生制订人生发展目标，让我们行有方向。有预测的人生，人就不会被动应付，行就有动力。学校举行升旗仪式、十八岁成人仪式等各种形式的教育，努力使华三的学子持久地勤奋，让我们行有动力。有预测的人生，人就不会浅尝辄止，行就有毅力。学校举行暑期军政训练，每天举行身体素质训练，努力使华三学子体验极限之后的成就，让我们行有毅力。

人生需要预测，预测更需要科学。盲目的预测不是自负，就是自卑。科学的预测就是充分认识自己的基础，知道自己有什么。学校举行两次考前模拟填报志愿，就是要求学生们充分分析自身的基础，让预测不盲目。科学的预测就是充分认识自己的兴趣，知道自己喜欢什么。学校举办体育节、艺术节、科技节、读书节，就是为学生们提供全方位的学习经历，挖掘自己的特长爱好，让预测不被动。科学的预测就是充分认识社会，知道社会需要什么。学校举行各类讲座活动，就是要让学生们了解社会发展的动态，使自己个体的发展能融入国家的发展，让预测不自我。

预测需要科学，预测更需要行动。预测之后不行动，这是纸上谈兵，夸夸其谈。行动需要计划。教师要求学生制订学习计划，就是希望学生们有一张蓝图绘到底的定力，避免朝三暮四，三天打鱼，两天晒网。行动需要方法。教师不断地给学生进行学法指导，就是希望学生掌握科学的适合自己的学习方法，努力提高学习效率，达到事半功倍的目的。行动需要养成习惯。教师不断要求学生培养预习的习惯，就是要求学生做任何事情都不打无准备之仗；教师不断要求学生培养反思的习惯，就是要求学生做任何事情都要思考自己是否能做得更好；教师不断要求学生培养规整的习惯，就是要求学生们做任何事情都要有条不紊，一丝不苟。行动需要不断优化改进。预测的目标随着外部条件的变化可以做适当的调整，但调整以优化为目的，不是降低预测的要求。经过一定时间的实践，在反思的过程中，不断修正行动，让我们的行动更科学，更高效。

行动，让华三学子优秀。2017届的学生们注定优秀。高考新政的全面实施，让我们第一次系统地参加社会实践活动，第一次有自己的研究课题，第一次拥有自己的导师，第一次面临"加三"学科选择，第一次参加了两次英语高考，这么多的"第一次"，让我们经历丰富。学校推进"两力"建设，让我们充分认识到自主学习力是何等重要，相信学生们进入大学之后，会有更深刻的体会；学科思维力能让我们的学习更有品质，经过本次语文、数学、英语高考之后，学生们已经有了深刻的体会，现在的高考试题，绝对不是通过大量刷题就能应付的，还需要对学科知识有本质和通透的理解，需要具备高阶思维的能力，我们要做专业的人，学科思维力至关重要。学校新校舍的全面建设，可能使学生们成为卫新路115号的最后一届华三毕业生，学校是铆足了劲希望培养一届华三最优秀的毕业生，开了无数次会进行研讨，不断优化改进教育管理；老师们也铆足了劲希望教出一届最优秀的学生，批了数不尽的作业和试题，挑灯夜战地把该给的都给了学生们；学生们同样也铆足了劲希望自己最优秀，积极参加"爱心班"，补齐知识短板，积极参加"卓越班"，提升学习能力。现在一切均已尘埃落定，我们是最优秀的学校、教师、学生。

《礼记·中庸》有言："凡事豫则立，不豫则废。言前定则不跆，事前定则不困，行前定则不疚，道前定则不穷。"华三的学子应该是立的，有我们三年努力的基础；未来，华三的学子也应该是立的，我们要不跆、不困、不疚、不穷，还需要学生们加倍努力。人生需要预测，母校祝愿华三2017届的学子们梦想成真，永立潮头！

需要和被需要，我们仍需努力

　　"生活中，人们不仅关注自身的需要，也时常渴望被他人需要，以体现自己的价值。这种被需要的心态普遍存在，对此你有怎样的认识？请写一篇文章，谈谈你的思考。"这是今年上海高考语文的作文试题。初看试题，似有话可讲，把高考考好，是我们自身的需要；有一个比较高的考分，被心仪的大学录取，实现被大学需要的目的，这更是我们的需求。细想试题，更有话要讲，高中三年的奋斗不就是为了实现自身的需要和被他人需要的目标吗？更深入地理解，人的一生不就是为了追求实现自身的需求和被他人需要的理想吗？适逢高三年级组长月白老师要我为2018届学生的毕业纪念册写序，遂与吴均老师相商，写下如下文字，送给2018届的全体学生。

一、"伟大的需要"浓缩成五个方面

　　德国著名思想家歌德有句名言："伟大的需要使人崇高，卑微的需要使人沉沦。"高中三年我们一直为伟大的需要而努力，同时我们经常把"伟大的需要"浓缩成以下五个方面：

1. 良好的道德品行

　　三年中，我们通过晨会课进行社会主义核心价值观教育，通过班会课进行修身礼仪教育，通过升旗仪式进行爱国主义教育，努力让学生道德高尚，品行端正。

2. 科学的学习方法

　　三年中，我们通过自主学习能力的培养，努力让学生主动学习，拥有无须扬鞭自奋蹄的品质；我们通过学科思维能力的培养，努力让学生善于学习，拥有打破砂锅问到底的勇气。

3. 较强的组织能力

三年中，我们通过学校的体育节，培养学生的组织协调能力；通过读书节，培养学生读好书的习惯；通过科技节，培养学生科学探究的思维；通过艺术节，培养学生自信大气的品性。

4. 强健的身体素质

三年中，我们通过"三课两操两活动"，努力让学生拥有一项运动技能，养成运动的习惯；我们通过"上海市体育传统项目"，努力让具有一技之长的学生在竞技项目比赛中取得好成绩。

5. 阳光的心理性格

三年中，学校通过心理健康课程，让学生掌握心理健康知识，具有心理调节的技术；通过学校的"心理健康周活动"，让学生在团队活动中具备沟通、交往的礼仪和能力，培养自信阳光的性格。

二、开展四方面的活动来实现被需要

法国哲学家拉布·吕耶尔讲过这么一句话："最好的需要就是给别人以需要。"高中三年我们一直试图给别人以需要，同时我们经常开展四方面的活动来实现被需要。

一是每学期我们通过举行义卖和捐赠活动，努力为贫困学生的需要尽一份心，献一份爱。

二是寒暑假我们通过开展志愿者服务，努力为敬老院的老人们做一点事，努力为居委会的孩子们尽一份力。

三是在班级集体建设过程中，我们通过学习上的结对帮困，努力让所有的学生齐头并进，让班级充满暖意。

四是开展尽孝心活动，每到寒暑假学校总是要求学生在家为父母分担家务，努力尽一份孝。

三年中，学生去了古都南京，游了文化绍兴，参加了社会实践活动，在与社会的交流过程中，我们了解了社会的需要，为我们今后走向社会奠定了基础。

英国人有句谚语："我们靠所得来谋生，但靠给予来创造生活。"高中三年，我们勤奋，我们努力。曾记得周五下午的两节加课，我们排除干扰，克服了懈怠和厌倦，师生齐心，夯实了学习基础；曾记得周日的爱心班，我们充满斗志，直面问题和困难，师生奋斗，补齐了学习上的短板；曾记得周周练，我们马不停蹄，以考代学，师生携手，增强了学习自信；曾记得七次全年级学生大会，我们集中在四楼的报告厅，相互鼓励，交流学习方法，努力让全年级的每一名学生更加优秀。我们的勤奋和努力，为了实现我们要优秀的需要，我们靠所得来谋生。高中三年，我们智慧，我们精彩。曾记得在光启创新学院华三分院，我们探索在每一个双休日，在教师们的指导下，在学生的忘我努力下，用我们的智慧硬是获得了一个又一个大奖；曾记得在华三人文书院，我们活跃在每一个周五的下午，在教师们的精心辅导下，在学生的积极参与下，学校的灵动舞社、文学社、墨韵社、微电影社都留下了学生的精彩。我们的智慧和精彩，为了实现我们被需要的需要，我们要学得本领，靠给予来创造生活。

2018届的华三学子，有特殊意义。你们是老校舍的最后一届毕业生，送走你们，老校舍将易主，请你们记住老校舍，记住卫新路115号。老校舍陪伴了你们三年，见证了你们奋斗的青春，今天的毕业典礼后，希望学生以你们的方式向老校舍告别，留下感恩，留下祝福，未来我们不辜负老校舍的期待。

为了需要和被需要，我们已经努力了三年，并且取得了累累硕果；人生的路漫长，为了需要和被需要，未来我们还需努力。华三是一面高扬的旗帜，为学子们鼓劲呐喊，母校的鼓劲呐喊就一个愿望，走出华三校门的学子个个优秀！

艰辛三年"华三味"

"倾听了不同国家的音乐，接触了不同风格的异域音调，我由此对音乐的'中国味'有了更深刻的感受，从而更有意识地去寻找'中国味'。这段话可以启发人们如何去认识事物。请写一篇文章，谈谈你对上述材料的思考和感悟。"今年的高考语文作文题，引起了我对"味"的三方面思考。

一、对学习的三方面思考

1. 严谨的治学品质

听是"倾听"，是集中注意力，认真地听，仔细地听，不是一般的听听而已，这是一种严谨的做事风格。我们学校教风中有"严谨"二字，学校校风中也有"严谨"二字，可见学校希望我们培养的学生能够严谨，做任何事都能够一丝不苟，认认真真，不马虎，不偷懒。学习同样如此，具有自主学习的习惯，拥有深度学习的能力。本届高三的学生，经历高中三年的磨炼，尤其经过高三这一年刻骨铭心的锤炼，已经拥有了严谨的治学品质。

2. 科学的研究方法

对音乐的研究，是广泛涉猎，倾听了不同国家的音乐，接触了不同风格的异域音调，不是仅仅对一个国家的音乐研究，也不是对一种风格的音乐研究，这种研究方法就是比较研究法。我们学校十分重视对学生的学法指导，对学习的"五环节"有明确的要求，对学习时间的管理、学习内容的安排、学习自我的检测均有具体的指导性建议，学校希望我们培养的学生会学、善学。本届高三的学生，经过教师们的指点，尤其是经过自己的揣摩和感悟，初步掌握了对复杂问题的研究方法。

3. 明确的奋斗目标

对不同国家音乐的倾听，对不同风格异域音调的接触，终极目的不是真的研究不同国家的音乐，也不是真的探索异域音调，真正的目的是更好地感受和把握音乐的"中国味"。我们学校的育人目标是"勤奋，善学，懂感恩"。这种"勤奋"不仅指学习上的勤奋，而且包括做人、做事的勤奋；"善学"不仅指善于学习文化知识，而且包括善于学习艺术、体育等所有有利于我们全面发展的技能。本届的高三学生，经过学校教师的生涯教育，不仅明确了自己的学业目标，而且明确了自己的专业目标，尤其是经过职业体验，初步明确了自己的职业目标。

二、高中三年的回味

每年的高三毕业典礼上，学校总要送给即将毕业的学生两份礼物，一份是学生三年高中学习生活巡礼的电子光盘，这份影像资料记录了华三学子三年的精彩；另一份是学生三年高中学习生活的感悟，这份我们自己设计的纪念册记录了华三学子的青春心声。当年级组长朱建国老师发短信给我，要我为赠送给高三毕业生的纪念册写序时，我欣然应允，因为对这届学生，我们付出的实在太多，三年一路操心，有无数的话要说。艰辛三年，师生同舟共济，谱写了华三又一段绚烂多姿的华美乐章。

1. 高一，我们放飞梦想，多姿多彩

高一年级的军政训练，培养了我们的团队精神，磨炼了我们的意志品质；东方绿舟活动，教会了我们生存技能，提高了我们的管理能力；南京社会实践活动，锻炼了我们接触社会的胆量，提高了我们做小课题的能力；华三"四节"，激发了我们的兴趣潜能，提高了我们的综合素养。

2. 高二，我们脚踏实地，夯实基础

高二年级的劳动技术教育，品尝了我们自己的劳动成果，明白了劳动最光荣的道理；导师课，认清了"我是谁""我想要什么""我如何做"；绍兴社会实践活动，提升了我们的人文素养，增强了我们的家国情怀；华三的"两院"，培育了我们科学和人文精神，提升了我们的综合实力。

3. 高三，我们跌宕起伏，惊心动魄

高三年级的复习迎考，我们使出了浑身解数，学生们做到了挑灯夜战，顽

强拼搏，教师们做到了精益求精，无私奉献。一模之后，我们连续开了四次研讨会，教师们头脑风暴，思维碰撞，调整策略，改进教法；二模后，我们分类研究，班主任老师和个别学生耐心谈话，和家长一起给学生信心和力量，学科老师聚焦复习重点和难点，精准复习，提高复习的有效性和针对性。

三、华三"三味"

高中三年，我们应感受到了"华三味"。华三有何"味"？"华三味"由三种"味"组成。

1. 华三人是最努力的

华三师生有自知之明，我们十分清楚自己是谁，我们与他人比拼的最强大的实力是努力，于是我们提出了一句华三人认同的口号，这句口号是"不输给任何人的努力"，请华三学子永远记住这句话。

2. 华三人是最优秀的

华三师生知道我们这所学校是"985"大学的附中，高水平大学附中的人应该优秀，于是我们心中一直有一句话在告诫着我们，这句话是"我们致力于做最优秀的自己"，请华三学子一辈子记住这句话。

3. 华三人是最孝敬的

华三师生十分明白我们现有的一切都不是自己固有的，父母、师长、天地给了我们一切，于是一直有一句话提醒着我们，这句话是"百善孝为先"，请华三学子一生记住这句话。

本届的高三学子，三年中有两个校园陪伴着你们。东贤路69号，你们永远不会忘记，因为最刻骨铭心的一年你们在这里度过；卫新路115号，你们不能忘记，因为有两年我们在那里学习。卫新路115号即将易主，以后路过卫新路，请同学们以虔诚之心注视老校舍，实在忍不住就进去看一看，十分有礼貌地向人家打个招呼，昔日的主人回来，老校舍会感动的。

今天毕业典礼之后，华三成了你的母校，母校会永远留存于你的心中，而你也将永远在母校殷切的期盼中，希望并欢迎你有空常回来看看！

祝同学们未来幸福！

后 记 ▶

"以理治校"是一种办学策略，是办学思想的重要组成部分。

把"以理治校"作为办学策略，源于我自己的工作经历。

2002年8月，当金山区教育局任命我担任上海市张堰中学校长时，我只有30来岁，典型的"初生牛犊不怕虎"。张堰中学是一所具有深厚历史底蕴的区级重点高中，有一批业务能力极强的老教师，如何调动老教师的教学积极性，成了我初任校长时的紧迫工作。想过"以法治校"，但用"法"来管这批我父亲辈的老师，实在自信不够；想过"以德治校"，但用"德"来调动这批能力极强的老师，实在底气不足。于是我时常想：如果我就是一名普通的教师，我希望一位怎样的校长来管我？我不希望冷酷无情的"法"来约束，也不希望居高临下的"德"来说教。高中的老师是知识分子，他们渴望尊重；高中的学生是准知识分子，他们期待理解。"以理治校"的"理"避开了"法"的无情，避开了"德"的刻板。由于"理"字给人一种信服感，适合我这个年龄不大、资历不足的校长来管理学校。在担任张堰中学校长的几年中，我采用"以理治校"的办学策略，学校的办学质量有了很大提高。

2007年1月，我接过周震和校长的接力棒，担任华东师范大学第三附属中学的校长。华东师范大学第三附属中学是一所十分特殊的学校，学校有三个"婆婆"——华东师范大学管校长任命，每年要对校长进行办学考核；上海石油化工股份有限公司管办学监督，每年要解决公司子女的上学问题；金山区人民政府管办学领导，每年要对学校进行办学评价。经过对校长工作的反思、比较、研讨，结合华东师范大学第三附属中学的具体实际，我仍然把"以理治校"作为自己的办学策略。十多年过去了，"以理治校"的办学策略使学校不断有新发展。

曾有一段时间，"以理治校"不断受到领导和专家的质疑，经过我们的阐述及办学取得的成效，"以理治校"在高中教育特色多样化的背景下得到了认可。我对"理"的阐述有三个层次：第一个层次是办学应遵循党的路线方针政策，我们是办具有中国特色的社会主义学校，这是我们办学的法理；第二个层次是办学应遵循学校的一整套规章制度，我们是办具有特色的上海市实验性示范性高中，这是我们办学的事理；第三个层次是办学应遵循人际交往的基本准则，我们是办具有幸福感和美誉度的高品质学校，这是我们办学的人理。我们对"以理治校"的阐述有三个维度：第一个是教师维度，我们要打造"德高、业精、会育人"的教师队伍，通过教育理论学习、教育实践探究、立德树人绩效评估等教师教育工作，努力让学校的每一位教师成为"四有"好教师；第二个是课程维度，我们要建设"门类齐、质量高、有特色"的学校课程体系，通过做精基础型课程、丰富拓展型课程、提升研究型课程的课程建设策略，努力让学校的课程成为学校持续发展的动力；第三个是学生维度，我们要培养"勤奋、善学、懂感恩"的学生，通过学习时间的管理、学习内容的选择、学习情绪的管控、自我学习的评价，努力让学生成为德智体美劳全面发展的社会主义建设者和接班人。

出版《以理治校：一位中学校长的办学思想及现实策略》有三个想法：一是对自己的办学做一个梳理。从"以理治校，成事成人""有效教学，智慧课堂""丰富课程，创新教育""幸福教师，立德树人"四个章节，全面回顾了自己在"规划学校发展、营造育人文化、领导课程教学、引领教师成长、优化内部管理、调适外部环境"等方面的思想及策略；二是对学校的发展做一个反思。2007年，学校被命名为上海市实验性示范性高中。十多年的持续发展，学校面临发展瓶颈，如何实现新突破，需要校长的再思考。2018年7月，学校整体搬迁至张堰镇，面临新挑战，如何把办学硬件优势转化为教育教学优势，需要校长的再探索；三是对区域的校长培训做一个规范。2015年，我被聘为"金山区名校长工作室"主持人，需要准备一些培训资料，以期高质量地完成全区后备校长的培训。

感谢学校的黄兰珍老师、边贻宽老师、吴均老师、刘亚中老师、戚鹏老师，五位老师的智慧丰富了"以理治校"的内涵；感谢"华三"的全体教职员工，教育教学的成就增强了"以理治校"的自信。站在新起点，我将无须扬鞭自奋蹄，为立德树人再做新努力！

干亚清

2020年6月于华三苑桃李河畔